JASMIN KHEZRI

IRMAS STYLE GUIDE

DIE BESTEN TIPPS
ZU MODE, BEAUTY
& LEBEN

„Wie fange ich nur an, dieses Buch zu schreiben? Nun, zuerst brauche ich eine gute Idee. Dann muss ich natürlich alles zusammentragen: Zeichnungen, Texte, Ausrisse, meine Bücher ..."

Um einen guten Anfang zu finden, musste ich erst einmal alles sortieren. Zunächst waren das nur meine Notizen und Ausrisse, aber da ich schon dabei war, fing ich an, meinen Kleiderschrank, meine Wohnung und zu guter Letzt sogar mein Leben zu ordnen und zu sortieren.

Als alles in bester Ordnung war, setzte ich mich wieder an meinen Schreibtisch, wo immer noch geduldig das leere Dokument auf dem Laptop auf mich wartete. Die Vögel zwitscherten, ich schaute aus dem Fenster und dachte mir: „Was ist das heute für ein schöner Tag!"

Warum jeder Tag mindestens einen schönen Moment haben sollte, möchte ich mit Ihnen in diesem Buch teilen.

INHALT

BEAUTY

HAPPY!?

👄 WER IST IRMA?

IRMA HABEN SIE BESTIMMT SCHON MAL GESEHEN.

Sie ist das hübsche, gut gelaunte Mädchen, das Ihnen früh-
morgens im Stadtpark beim Spaziergang begegnet. Oder
die in einem Crêpe de Chine-Kleid und Gummistiefeln
durch den Regen läuft. Sie haben sie mit einem Stapel
internationaler Zeitungen in Ihrem Lieblingscafé gesehen und sich gedacht: „Der Kuchen, den sie bestellt
hat, sieht aber köstlich aus." IRMA ist viel unterwegs,
hält überall ihre Augen und Ohren offen und weiß
deshalb, was angesagt ist.
In diesem Buch möchte sie Ihnen mit vielen
Tipps und Ideen die schönen Seiten des Lebens
nahelegen. Nehmen Sie einen Stift zur Hand
und markieren Sie, was Ihnen gefällt, machen
Sie Notizen und Skizzen. Sammeln Sie
Dinge, die Ihnen gefallen oder die Sie
inspirieren, und legen Sie sie zwischen die
Seiten. Das rote Gummiband hält alles
zusammen und macht aus IRMAS
Buch auch Ihr persönliches Notebook.
Viel Spaß!

MODE

„Was ziehe ich heute bloß an?" Jede Frau kämpft täglich mit dieser Frage. Der Kleiderschrank ist voll, und trotzdem hat man das Gefühl, dass nichts so richtig zusammenpasst. Bevor Sie gleich einkaufen gehen, möchte ich Sie auffordern, eine Bestandsaufnahme zu machen – Sie werden überrascht sein, was Sie alles besitzen. Ordnung und System im Kleiderschrank sind wichtig, wenn Sie Freude an Mode, Trends und Styling haben wollen. Auf den nächsten Seiten zeige ich Ihnen, was in Ihrem Kleiderschrank unerlässlich ist und wie Ihre Garderobe mit ein paar Kniffen wie neu aussieht. Mode ist ein Spiel, doch zunächst sollte man die Regeln beherrschen, um sie dann zu seinen Gunsten abzuwandeln.

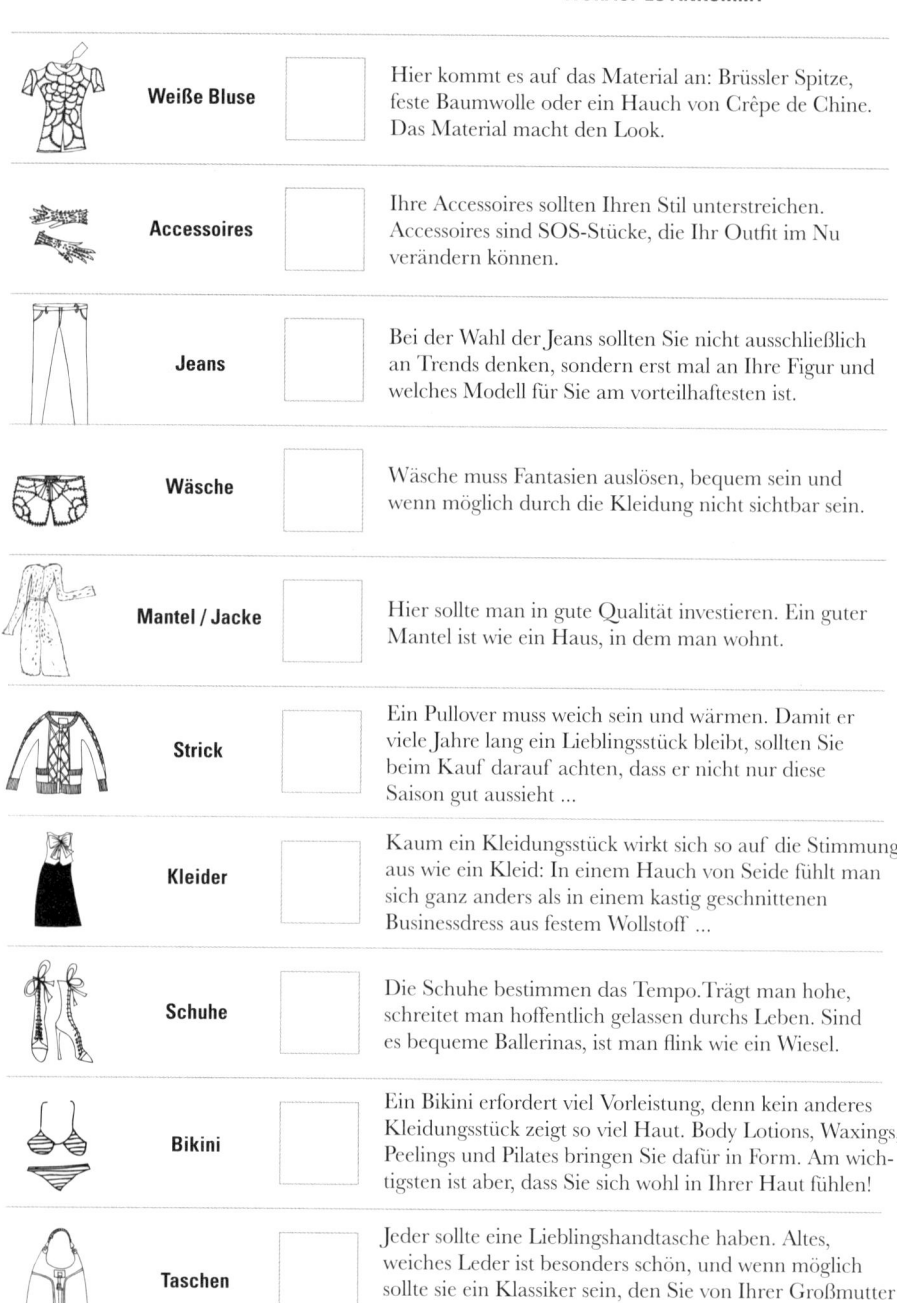

MUST HAVE	WIE VIELE HABE ICH SCHON?	WORAUF ES ANKOMMT
Weiße Bluse		Hier kommt es auf das Material an: Brüssler Spitze, feste Baumwolle oder ein Hauch von Crêpe de Chine. Das Material macht den Look.
Accessoires		Ihre Accessoires sollten Ihren Stil unterstreichen. Accessoires sind SOS-Stücke, die Ihr Outfit im Nu verändern können.
Jeans		Bei der Wahl der Jeans sollten Sie nicht ausschließlich an Trends denken, sondern erst mal an Ihre Figur und welches Modell für Sie am vorteilhaftesten ist.
Wäsche		Wäsche muss Fantasien auslösen, bequem sein und wenn möglich durch die Kleidung nicht sichtbar sein.
Mantel / Jacke		Hier sollte man in gute Qualität investieren. Ein guter Mantel ist wie ein Haus, in dem man wohnt.
Strick		Ein Pullover muss weich sein und wärmen. Damit er viele Jahre lang ein Lieblingsstück bleibt, sollten Sie beim Kauf darauf achten, dass er nicht nur diese Saison gut aussieht ...
Kleider		Kaum ein Kleidungsstück wirkt sich so auf die Stimmung aus wie ein Kleid: In einem Hauch von Seide fühlt man sich ganz anders als in einem kastig geschnittenen Businessdress aus festem Wollstoff ...
Schuhe		Die Schuhe bestimmen das Tempo. Trägt man hohe, schreitet man hoffentlich gelassen durchs Leben. Sind es bequeme Ballerinas, ist man flink wie ein Wiesel.
Bikini		Ein Bikini erfordert viel Vorleistung, denn kein anderes Kleidungsstück zeigt so viel Haut. Body Lotions, Waxings, Peelings und Pilates bringen Sie dafür in Form. Am wichtigsten ist aber, dass Sie sich wohl in Ihrer Haut fühlen!
Taschen		Jeder sollte eine Lieblingshandtasche haben. Altes, weiches Leder ist besonders schön, und wenn möglich sollte sie ein Klassiker sein, den Sie von Ihrer Großmutter geerbt haben, die schon immer ihrer Zeit voraus war.

FASHION-CHECKLISTE

Tauschen Sie die alten Krägen aus oder binden Sie schwarze Samtbänder darum.

Goldspray gibt Ihren Lederhandschuhen etwas Glamouröses und Blumen, Perlen und Pailletten machen jedes Accessoire zum It-Stück.

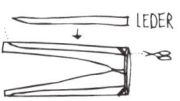

Bekleben Sie Ihre Lieblingsjeans mit Leder oder nähen Sie Lederstücke oder schwarze Samtstücke auf die Tasche.

Ein Spitzenband kann aus einem einfachen Baumwoll-BH ein schönes Dessous zaubern. Binden Sie aus den Spitzenträgern eines alten BHs Schleifen und nähen Sie diese an Ihre Boxershorts.

Aus Fellresten oder Kunstfell basteln Sie einen Fellkragen, indem Sie Ripsbänder an jedem Ende befestigen und um Ihren Mantelkragen binden. Besondere Knöpfe geben jedem Mantel einen neuen Look.

Wollbänder, Bordüren und Samtstücke lassen eine einfache Strickjacke wie ein Stück von Chanel aussehen. Oder nähen Sie einfach Taschen auf Ihren Cardigan, so schmuckvoll wie Sie möchten.

Schleifen und Schärpen verwandeln jedes Kleid. Eine breite Schärpe um die Taille gebunden, kann die Hüfte „liften" und Ihnen im Nu zu langen Beinen verhelfen.

Ein paar Ripsbänder statt der normalen Schnürsenkel machen aus einfachen Stiefeln Haute Couture. Bekleben Sie die Schuhspitzen mit schwarzer Spitze für einen eleganten Abendschuh.

Machen Sie Ihren Lieblingsbikini charmanter, indem Sie kleine Charms-Anhänger an den Seiten mit einbinden. Oder nehmen Sie andersfarbige Bänder, um neue Farbkombination auszuprobieren.

Anstelle der normalen Taschenhenkel sind Kordeln, Bänder und Seidenschleifen individueller und ermöglichen es Ihnen, jede Tasche passend zum Look zu ändern.

Wenn Sie alle Zahlen in der Checkbox zusammenzählen, sind Sie bestimmt überrascht, wie viel Sie bereits besitzen. Ab heute sagen Sie nie wieder: „Ich habe nichts zum Anziehen."

JEANS

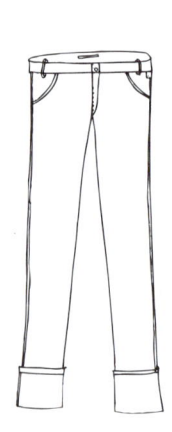

BOYFRIEND JEANS

Die Boyfriend Jeans muss
ein bis zwei Nummern
größer sitzen. Ich benutze
einen Ledergürtel oder ein
schwarzes Samtband, um
die Hose in der Taille passend zu machen. So kann
ich die Hose auch höher in
der Taille oder tiefer auf der
Hüfte zusammenbinden.

SCHUHE

Hohe Absätze ma-
chen groß und lange
Beine. Wedges und
Blockabsätze passen
gut zu Boot-Cut-Jeans
und sind viel beque-
mer als Stilettos.

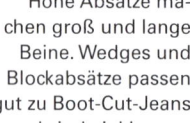

Ballerinas sehen
zu Skinny Jeans
am schönsten
aus.

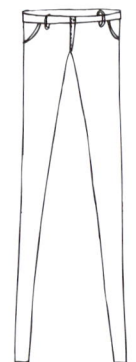

SKINNY

Die Skinny Jeans
muss perfekt sitzen
und darf an Po und
Oberschenkel keine
Falten werfen. Am
besten passt sie,
wenn der Stoff einen
Stretchanteil hat.

BOOT CUT

Die Boot Cut darf ruhig
ein bisschen länger sein,
denn ich trage sie mit
hohen Schuhen für extra
lange Beine. Wenn sie in
der Taille nicht zu tief sitzt
und am Po schön eng ist,
macht sie eine fabelhafte
Figur. Am liebsten style ich
sie mit einem T-Shirt, einer
Clutch und langen, offenen
Haaren.

PERFEKTE JEANS

PFLEGE: Bei maximal 40 Grad waschen und einfach mit den Händen glatt streichen, nie bügeln. Ich habe einmal meine Boyfriend Jeans zusammengeknuddelt in der Sonne trocknen lassen, das ergab einen interessanten Look. Dazu habe ich dann ein weißes T-Shirt und Loafer angezogen.

WEISSE JEANS: Fast schon ein Klassiker. An sonnigen Sommertagen kombiniere ich sie am liebsten mit Ballerinas und einem marineblauen V-Pullover. Bitte nicht im Winter tragen!

WASCHUNG: Eine gute Waschung bewirkt, dass meine Beine länger und schmaler aussehen. An den Außenkanten sollte sie dunkler sein als in der Mitte. Wer auf Nummer sicher gehen will, dem empfehle ich eine dunklere Waschung, denn das macht immer schlank.

WAS PASST DAZU? Das Tolle an Jeans ist, dass man alles dazu tragen kann. Doch achten Sie auf die Proportionen: Zum Beispiel passt ein XL-V-Pullover besser zu einer Skinny als zu einer Boyfriend Jeans. Wenn die Hose weit geschnitten ist, sollte man dazu eher ein kleines Top tragen, zum Beispiel eine schmale Vintage-Seidenbluse zur XL-Boyfriend Jeans.

PASSFORM: Achten Sie auf feste Jeansstoffe. Je fester, desto besser die Passform. Ein geringer Stretchanteil kann nie schaden und macht aus einer einfachen Jeans die absolute Lieblingshose.

HOSENLÄNGE: Die Länge einer Jeans ist genauso wichtig wie ihre Passform. Hosenlänge und Art des Saumes – ob ich sie umschlage, hochkremple, abschneide oder umnähe – sind entscheidend für mein Styling. Abgeschnittene Jeans passen zum Beispiel eher an den Strand als ins Büro. Ebenso achte ich auf die Wahl der Schuhe: Eine umgeschlagene Jeans trage ich nie mit hohen Schuhen, sondern lieber mit Loafers oder Ballerinas.

T-SHIRT

T-Shirts trägt man mittlerweile das ganze Jahr über. Ich verändere sie gerne, sodass sie besser zu meinen anderen Lieblingsstücken passen.

LIEBLINGS-T-SHIRT

SCHÖNER RÜCKEN: Vergrößern Sie mit der Schere den Rückenausschnitt und nähen Sie rechts und links davon Bänder zum Verknoten ein. Der eingeschnittene T-Shirt-Stoff muss nicht gesäumt werden, da sich das Material von selbst aufrollt und so einen schönen Vintage Look ergibt.

FREIE SCHULTER: Für ein originelles schulterfreies Top kann man den Ausschnitt des T-Shirts horizontal vergrößern. Bänder an die Schulterteile nähen und verknoten oder Schleifen binden.

TIPP

Ich habe ein paar Stoffmarker in meinen Lieblingsfarben zu Hause, sodass ich meine T-Shirts nach Lust und Laune bemalen kann.

TIPP

Keine Angst vor zu großen Ausschnitten. Was am Anfang fehlerhaft erscheint, kann durch das beliebig feste oder lockere Zusammenknoten der Bänder wieder behoben werden. Kleine Fehler sind charmant und machen das Stück umso individueller.

LIEBLINGSMARKEN: American Apparel, GAP, American Vintage, Splendid, James Perse

MEIN T-SHIRT

SO MACHE ICH MIR EIN NEUES T-SHIRT:

Am besten zieht man das XXL-T-Shirt
an und überlegt vor dem Spiegel, wo
man das Oberteil bearbeiten will.
Zum Beispiel an der Schulter:
Hierfür schneidet man den linken
Ärmel des T-Shirts weg, sodass das
Shirt an der oberen linken Seite in zwei
Teile auseinanderfällt. Auf den jeweiligen
Seiten (vorne und hinten) näht man mit der
Nähmaschiene jeweils Kordel oder Bänder an. Die
Satinbänder sollte man an den Enden säumen. Wenn
man das T-Shirt das erste Mal nach der Näharbeit
anzieht, kann man die Bänder/Kordel entspre-
chend eng oder locker zusammenknoten oder
eine Schleife machen, sodass das T-Shirt an der
Schulter wieder zusammenkommt. Durch das
fehlende Schulterteil bekommt das T-Shirt beim
Zusammenziehen eine neue Form und es entsteht
ein interessanter Faltenwurf.

WAS MAN DAFÜR BRAUCHT:

**XL- ODER XXL-T-SHIRT, SCHERE, NÄHMASCHINE, 1,2 M LANGE SATINBÄNDER
(CA. 3,5 CM BREIT) ODER ENTSPRECHENDE KORDEL (1,5 CM DURCHMESSER),
NÄHGARN IN GEWÜNSCHTER FARBE**

① ② FERTiG!

WEISSE BLUSE

Eine weiße Bluse gehört in jeden Schrank – ein Kleidungsstück, das im Nu Eleganz und Frische verleiht.

KRAGENWECHSEL: Tauschen Sie einen Bubikragen gegen einen klassischen Hemdkragen. Oder trennen Sie den Kragen von Ihrer Lieblingsbluse ganz ab für einen puren und modernen Look. Sie können auch den farbigen Kragen einer alten Bluse abtrennen und über einen weißen Hemdkragen nähen.

DEKORATION: Alte Knöpfe, Broschen und Bänder benutze ich als Schließe an meiner Lieblingsbluse. Auch ein toller Look ist es, wenn Sie die Manschetten mit Seidenbändern versehen und zu Schleifen binden oder die Knopfleiste mit neuen dekorativen Knöpfen versehen. Ein einziger dekorativer neuer Knopf am Kragen lässt eine alte Bluse wie neu aussehen.

MIX & MATCH
Mit diesen Ideen haben Sie gleich eine neue Bluse.

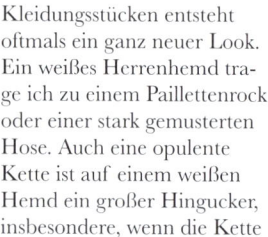

DAS SCHMUCKSTÜCK: Aus dem Kontrast zwischen zwei Kleidungsstücken entsteht oftmals ein ganz neuer Look. Ein weißes Herrenhemd trage ich zu einem Paillettenrock oder einer stark gemusterten Hose. Auch eine opulente Kette ist auf einem weißen Hemd ein großer Hingucker, insbesondere, wenn die Kette z. B. ein echtes Prunkstück mit vielen Strasssteinen ist. Außerdem kommt man sich nie overdressed vor.

DAS BAND: Schwarze Ripsbänder, Satinbänder, dünne Kordeln und Tüll können einem Kragen eine ganz besondere Note verleihen. Inspiriert dazu hat mich der Designer Karl Lagerfeld, der zu seinem hohen Hemdkragen nämlich immer eine Schleife, eine Fliege oder eine Brosche trägt.

(FAST) NEUE BLUSE

WAS MAN DAFÜR BRAUCHT: WEISSE BLUSE, WEISSE BAUMWOLL-
SPITZE, WEISSES GUMMIBAND, NÄHGARN, SCHERE, NÄHMASCHINE

So wird's gemacht: Schneiden Sie auf jeder Seite den unteren
Arm des Blusenärmels gerade ab. Um das Stück Spitze zu-
rechtzuschneiden, messen Sie die gewünschte Armlänge
und die Breite des abgeschnittenen Blusenärmels ab.
Ich empfehle in der Breite 4 cm und in der Länge
6 cm hinzuzunehmen. Legen Sie den Spitzen-
stoff doppelt und schneiden Sie nun das
Stück Spitze für den unteren Blusenärmel
passend zurecht. Das fertig geschnittene Stoffstück
soll eine trichterartige Form haben (siehe Zeichnung),
da die Bluse am Handgelenk noch durch das Gummiband
zusammengezogen wird. Wichtig ist es, den Durchmesser der
abgeschnittenen Kante von der Originalbluse genau abzumes-
sen, um die Spitze passend wieder anzunähen.
Nähen Sie zuerst das Stück Spitze an der Längsseite zusammen, dann die obere Seite der Spitze an die Bluse (eventuell
mit der Maschine leicht zusammenraffen) und schließlich
den Tunnelzug für den Gummi im Bund (ca. 1 cm, je
nach Gummibreite). Um die Länge des Gummibandes
zu messen, legen Sie es einfach locker um Ihr Handgelenk.
Fädeln Sie das Gummiband mithilfe einer Sicherheitsnadel
in den Tunnelzug, verknoten Sie es und vernähen Sie die
Öffnung des Tunnelzugs.

TIPP

Achten Sie bei
der Spitze darauf,
dass sie in etwa
das gleiche Ge-
wicht und die
gleiche Stärke
hat wie der Stoff
Ihrer Bluse.

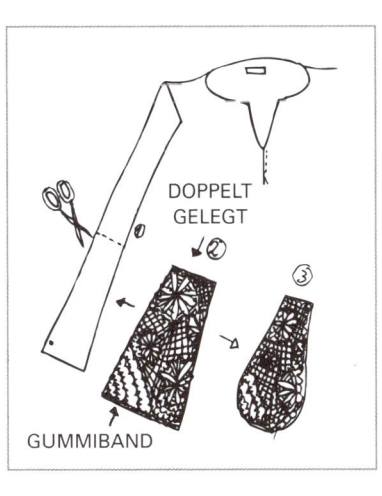

DOPPELT
GELEGT

GUMMIBAND

KLEID & ROCK

Von Röcken und Kleidern kann man nie genug haben. Ich sammle sie und ändere sie immer mal wieder nach Lust und Laune um.

Weiter Rock,
schmale Taille
und ein enges Top:
die perfekte Silhouette
für jede Frau.

MEINE LIEBLINGSKLEIDER:

TOOLBOX: Diese Accessoires machen jedes Kleid noch schöner: ein Glas Champagner, Peeptoes im Sommer, Stilettos mit feinem Kettchen am Knöchel, Armbänder aus Gold oder Silber, dekorative Cuffs am Armgelenk, Cocktailringe, Armbanduhr, Clutch aus Satin

MY STYLE

ÄRMELLOS: Nackte Schultern und Arme können sehr sexy sein. Voraussetzung dafür ist eine perfekt gepflegte Haut.

DAS KLEINE SCHWARZE: Jede Frau sollte mindestens eins haben. Es passt einfach zu jedem Typ und zu jedem Anlass, egal, ob man braun ist oder blass wie Schneewittchen. In dem Moment, in dem man es trägt, hat man Lust, das Haus zu verlassen – auch wenn man vorher überhaupt keine Lust hatte, sich schick zu machen.

DIE LÄNGE: Ich mag Kleider am liebsten sehr kurz oder sehr lang. Knielang ist schwierig, da man dafür gute Proportionen und einen ideal geschnittenen Schuh braucht. Bei einem kurzen Kleid achte ich darauf, schön gebräunte Beine zu haben oder im Winter eine blickdichte schwarze Strumpfhose zu tragen.

DIE FRISUR: Ein langes Abendkleid erfordert noch lange keine Hochsteckfrisur. Wenn am Halsausschnitt ein besonders schönes Detail zur Geltung kommen soll, kann man die Haare auch einfach locker hinten zusammenbinden.

DRESS DIARY

Führen Sie ein Tagebuch über Ihre schönsten Kleider. Notieren Sie z. B., zu welchem Event Sie sie getragen haben, womit Sie sie kombiniert haben, wie Sie sich fühlten und welches schöne Erlebnis Sie darin hatten. Fangen Sie gleich links an!

DIE TAILLE: Ein Kleid wirkt am besten, wenn es in der Taille betont wird. Ein einfaches Ripsband, ein schmaler Lack- oder ein breiter Ledergürtel können aus einem einfachen, gerade geschnittenen Kleid einen absolut modischen Hingucker machen. Den Gürtel auf Hüfte tragen sollte man nur bei sehr langen Beinen. Eine oben betonte Taille hingegen zaubert im Nu lange Beine und ist schmeichelhaft für die Gesamtproportion.

STRICK&CO.

Ob eine leichte Strickjacke aus Kaschmir oder ein dicker, grob gestrickter XXL-Pullover – Strick ist für mich die wichtigste Komponente in meinem Kleiderschrank.

👄 **FLICKEN**

Lederflicken für die Ellbogen gibt es im Fachhandel fertig zu kaufen. Sie verleihen jeder alten Strickjacke neues Leben.

PFLEGE: Ich wasche meine Kaschmir-Pullover immer mit einem milden Haarshampoo. Das duftet gut und pflegt die Wolle. Nach dem Waschen auf einen Wäscheständer legen.

GUT GEPFLEGT

ÜBERWINTERN: Im Winter lege ich zwischen die Pullover Seidenpapier und kleine Stoffreste, die ich mit ein paar Tropfen Lavendelöl beträufelt habe. Das Lavendelöl hält Motten fern und das Seidenpapier schont die Wolle vor Knitterfalten. Legen Sie die Pullover nicht zu fest zusammen und zu eng aufeinander. Wolle braucht Luft zum atmen.

GEGEN RAUCHGERUCH: Pullover, die nach einem Partyabend nach Rauch riechen, hänge ich zum Durchlüften über Nacht auf die Heizung. Im Sommer kommt der Pullover für 10 Minuten in den Trockner.

GEGEN MOTTEN: Damit sich Motten in meinem Schrank nicht wohlfühlen, lege ich gekochte Zitronenschale in Leinensäckchen verpackt hinein. Kleine Stückchen Zedernholz, im Briefkuvert zwischen die Pullover gelegt, vertreiben ebenfalls Motten.

KEINE FUSSEL MEHR: Wer kennt sie nicht, die kleinen Wollmäuse am Kaschmirpullover? Um die Fussel zu vermeiden, einfach beim Wollwaschgang dem letzten Spülgang einen Deziliter klaren Essig beigeben.

WOLLE MACHT SCHÖN UND GESUND: Die italienische Strickfirma Black Label verwendet in ihren Kollektionen nur natürliche Hightech-Materialien, wie z. B. Wolle aus Milchfaserproteinen, die angeblich die Blutzirkulation anregt und besser verträglich ist als Schafwolle. Die deutschen Designer Twosquaremeter arbeiten mit Naturfasern, die sie als „textile Kosmetik" bezeichnen und die beim Tragen Vitalstoffe wie Kalzium, Magnesium und Vitamin E freisetzen.

DIE STRICKJACKE:

Eine Strickjacke, die zu jeder Jahreszeit getragen werden kann, ist eine Investition fürs Leben. Aus diesem Grund lege ich Wert auf gutes Material, klassische Formen und auf Farben, die mir stehen. In keinem Schrank fehlen darf eine leichte Kaschmir- oder Seidenstrickjacke in einem Beige-, Braun oder Nudeton für den Sommer und eine dreiviertellange, grob gestrickte Jacke aus Wolle oder Kaschmir für den Winter. Mein Lieblingsstück ist ein klassischer Cardigan in Karminrot. Er gibt jedem Outfit eine persönliche Note, und ich habe sofort gute Laune, wenn ich ihn in meinem Kleiderschrank sehe. Es stimmt! Farben beeinflussen die Psyche.

DIE LEGGINGS:

Sie darf nur schwarz sein, nicht gräulich verwaschen, und sie muss perfekt sitzen. Wählen Sie eine feste Baumwolle oder eine Kaschmir-Leggings mit Lycra-Anteil. Ein Kleidungsstück, das nur zu einem Outfit getragen werden sollte, zu dem es auch passt, aber nie aus Gründen der Bequemlichkeit, außer zu Hause.

DIE MÜTZE:

Ich achte auf einen Farbton, der gut zu meinem Teint passt, nicht blass macht und meinem Gesicht im Winter Frische verleiht. Selbstverständlich dürfen Mützen nicht kratzen oder so eng am Kopf anliegen, dass die Frisur darunter leidet. ACHTUNG: Nur natürliche Materialien wählen, da sonst die Haare leicht zu Berge stehen.

ALLES GESTRICKT
DARAUF SOLLTEN SIE ACHTEN!

DER SCHAL:

Er muss sehr lang sein, darf nicht kratzen und sollte sich klein zusammenfalten lassen, damit ich ihn in meine Handtasche stecken kann, falls es mir plötzlich zu warm wird.

DER PULLOVER:

Extralang oder kurz und bündig: Beides sollten Sie im Schrank haben. Für den Winter habe ich auch eine kleine Sammlung an Rollkragenpullovern aus Seide, die gut unter Strickjacken und Blazer passen. Wer am Hals empfindlich ist, kann ein dünnes Seidentuch unter dem Rollkragen tragen. Wenn ich Halsschmerzen habe, kommt erst etwas Tiger Balm auf die Haut, dann der Seidenfoulard und zum Schluss der Rollkragenpullover.

DIE STRÜMPFE:

Falls sie über den Stiefelrand hinausgehen oder an den Zehen sichtbar sind, sollte man Farbe und Material sorgfältig auswählen. Ansonsten bevorzuge ich im Winter leichte Seidenstrümpfe, sie sind oft wärmer als reine Wollstrümpfe. Gummistiefel trage ich meist barfuß mit einer dicken Lammfellsohle im Schuh – auf nackter Haut ist das viel wärmer. Da Ballerinas eigentlich nur barfuß gut aussehen, lege ich feine Sohlen aus Frottee oder Filz ein. Wer im Winter offene Schuhe mit Strümpfen trägt, sollte bei den Strümpfen unbedingt die Farbe des Schuhs aufgreifen.

MÄNTEL & JACKEN

DER TRENCHCOAT

DIE SILHOUETTE: Mit einem kleinen Trick zaubert Ihnen der Trenchcoat eine perfekte Figur: Lassen Sie von einer Schneiderin die Gürtelschlaufen circa 8 cm nach oben versetzen. Das macht längere Beine und eine schmalere Taille.

DER GÜRTEL: Für etwas Abwechslung nehme ich anstatt des Originalgürtels ein schwarzes Ripsband, um den Mantel in der Taille zusammenzubinden.

DIE ÄNDERUNG: Wer seinem Trenchcoat einen neuen Look geben möchte, kann einfach die Knöpfe austauschen. Zu einem hellen Trenchcoat passen z. B. schwarze Lackknöpfe; zu einem Trench aus schwarzer Seide sehen XXL-Perlenknöpfe sehr schön aus – und im Nu hat man einen neuen Abendmantel!

DIE INVESTITION: Wer plant, einen Trenchcoat zu kaufen, dem empfehle ich Marken, die für ihre Regenmäntel bekannt sind, wie Burberry, Aquascutum oder Yves Saint Laurent. Die Investition lohnt sich, zumal ein guter Trenchcoat mit der Zeit immer schöner wird und als Vintagestück durchaus auch an Wert gewinnt.

 TIPP

Ich trage meinen Trenchcoat das ganze Jahr über. Wenn mir der dünne Stoff im Winter zu kalt wird, trage ich darunter warme ¾-Strickjacken oder ich lasse mir von der Schneiderin ein Innenfutter zum Einknöpfen nähen.

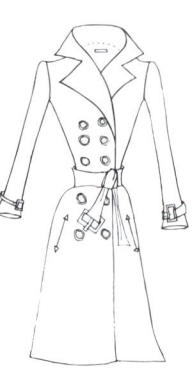

TOOLBOX

Diese Dinge geben Jacken und Mänteln sofort einen neuen Look:

Ein abnehmbarer Pelzkragen statt Schal

Neue Knöpfe aus Horn, Bakelit oder mit Strasssteinen

Hut statt Mütze. Das verleiht sofort mehr Allure.

Pelzstolen kann man gut unter Jacken tragen, wenn man nur etwas Pelz am Kragen hervorschauen lässt.

Ein Samtband als Gürtel ist eine einfache und elegante Lösung, um den Mantel mehr auf Figur zu tragen.

💋 **LOHNENSWERT**

Ein klassischer Mantel ist die beste Investition, die Sie in Ihre Garderobe machen können. Mit wechselnden Schals, Hüten und Gürteln wird dieser Mantel jede Saison wie neu aussehen.

FASHION FOLLIES

Haben Sie schon mal einen extremen Trend mitgemacht und sich später gefragt, was um Himmels willen Sie sich dabei gedacht haben? Solche „Experimente" müssen aber nicht immer schiefgehen ...

MOMENTE MEINER FASHION FOLLIES:

MY STYLE

Hier habe ich mit Formen, Proportionen und Mustern gespielt. Alles ist extrem, doch die Reduktion auf schwarz und weiß hält das Outfit zusammen. Die Clutch und das massive Armband mit schwarzen Diamanten bringen Balance in den Look, ohne zu langweilen. Natürlichkeit behalte ich durch den Verzicht auf auffälliges Make-up (ich habe nur schwarzen Eyeliner und Mascara benutzt). Die offenen Haare sind leicht nach außen gewellt und mit ein paar Tropfen Palmöl gebändigt, sodass sie ganz natürlich fallen.

GEMUSTERT

Muster faszinieren mich. Je stärker und kräftiger, desto besser. Ein fröhliches Muster macht sofort gute Laune und sorgt nebenbei auch für einen strahlenden Teint. VORSICHT: Wer sich mit Mustern einkleidet, sollte ein gutes Gefühl für Farben und Formen haben, sonst geht leicht etwas schief.

BUSINESSLOOK

Hier stellt sich die Frage: In welcher Branche arbeite ich und was möchte ich über mein Outfit aussagen?

KONSERVATIV: Wenn Sie jeden Tag einen dunklen Hosenanzug tragen müssen, können kleine Accessoires einen großen Unterschied machen: ein Seidenschal, ein großes Kettenarmband aus Gold oder ein schöner, klassischer Stiletto.

Auch die Bluse muss nicht langweilig sein – spielen Sie mit Manschetten- und Kragenformen (siehe S. 14). Die Wahl des Hosenanzugs ist äußerst wichtig: Das Jackett muss perfekt sitzen und die Hose Ihre Beine optimal verlängern.

HERRENSCHNEIDER:
Herrenschneider haben die wunderbare Gabe, einem kleinen, dicken Mann zu einer passablen Figur zu verhelfen. Sie wissen genau, wo man mit der Taille ansetzt, wie der Kragen einen schönen Hals formt und sogar welcher Hosenschnitt den Po liften kann. Warum nicht mal in eine Maßanfertigung investieren? Es macht sich sicherlich bezahlt.

IM BÜRO MUSS ALLES SITZEN

BRENNENDE SOHLEN:
Falls Sie in der Arbeit viel stehen müssen: Damit nach einem langen Tag die Fußsohlen nicht brennen, reiben Sie am Morgen die Innensohle des Schuhs mit etwas Spiritus ein.

GEHEIMTASCHEN:
Lassen Sie sich von einem Schneider Extra-Innentaschen in Ihr Jackett nähen, damit Handy, Taschenrechner und Bleistift schneller griffbereit sind.

FORM BEWAHREN:
Achten Sie auf gute Materialien, die angenehm zu tragen sind und auch nach einem langen Meeting keine Sitzfalten werfen. Der Anzugstoff sollte etwas Lycra enthalten und die Blusen aus Seide oder fester Baumwolle sein.

HAPPY HOUR:
Wie kann ich nach Büroschluss meinen Hosenanzug in ein glamouröses Kleidungsstück verwandeln? Denken Sie an die Tuxedos von Yves Saint Laurent: Binden Sie eine schwarze Satinschleife um den Hals oder einen breiten Kummerbund um die Taille. Ein weißer Satinschal ist ein schöner Kontrast zum dunklen Anzug und bringt Leichtigkeit in den Look. Ein kirschroter Lippenstift oder ein paar XXL-Chandelier-Ohrringe aus Strass machen sofort Lust auf einen Cocktail ...

Hier sehen Sie mich mit meinen Freundinnen auf dem Weg zur Arbeit. Natalie (links) arbeitet bei einer großen Versicherung, Caroline (Mitte) hat ihre eigene PR-Agentur und ich zeige einem Kunden ein paar neue Illustrationen für die nächste Kampagne.

DESSOUS

Bei Dessous gibt's keine halben Sachen: Sie müssen gut sitzen, bequem und verdammt sexy sein.

WEISS: Meine weiße Wäsche strahlt noch mehr, wenn ich ein paar Zitronenscheiben in die Wäsche gebe.

MAN KANN NIE WISSEN: Wenn Sie morgens beim Anziehen Ihren Slip und BH auswählen sollten Sie immer daran denken, dass Sie heute vielleicht den Flirt Ihres Lebens treffen könnten. Vernachlässigen Sie also nie das, was man nicht sieht. Schöne Wäsche gibt einem das gewisse Etwas, man bewegt sich ganz anders und fühlt sich schön und selbstbewusst.

TRANSPARENTES TOP: Leichte Seiden-, Chiffon- und Spitzenblusen erfordern den perfekten BH. Ich trage dazu nur hautfarbene Wäsche. Am dezentesten ist ein hautfarbenes Camisole mit eingebautem BH und sehr schmalen Trägern. Röcke, die sehr eng oder leicht durchsichtig sind, trage ich mit Stringtangas, sodass sich der Slip nicht durchdrücken kann. Im Winter kann man in diesem Fall eine gut sitzende Strumpfhose mit Höschenteil tragen und auf den Slip ganz verzichten

PERFECT STYLE

GROSS & KLEIN: Wer das Glück hat, einen großen Busen zu haben, dem empfehle ich Bügel-BHs mit V-Ausschnitt und Vollschalen. Um Nackenschmerzen zu vermeiden, sollte man breite Träger bevorzugen. Frauen mit kleinem Busen sollten nie auf einen BH verzichten. Er kann aber aus feiner Spitze und mit schmalen Trägern sein. Wichtig ist, dass er alles gut in Form bringt.

MIX & MATCH: Darf man Dessous-Sets trennen und miteinander kombinieren? Ich denke schon. Wenn ich z. B. im Herbst Röcke ohne Strümpfe trage, ist ein Baumwollslip am angenehmsten. Dazu trage ich dann einen BH aus Spitze, allerdings beides in der gleichen Farbe. Sie sollten also immer darauf achten, dass die Teile entweder aus dem gleichen Material oder aus der gleichen Farbe sind.

ÜBERRASCHUNG! Die kanadische Website „Panty by Post" spielt mit Ihrer Lust auf Dessous. Sie können dort ein Abo bestellen, mit dem Sie monatlich ein Überraschungspaket mit einem anderen Slip zugeschickt bekommen. Da ist die Freude groß, wenn der Postmann bei Ihnen klingelt.

SCHWARZE SEIDE: Schwarze Dessous aus Seide wasche ich nur in Schwarztee anstelle von Wasser. Das bringt den Stoff wieder zum Glänzen.

SPITZE: Meine Wäsche aus Spitze wasche ich mit warmem Wasser und mildem Haarshampoo in einer Schüssel. Mit einem Kochlöffel in der Lauge „rühren" und dann mit warmem Wasser ausspülen. Zum Trocknen auf ein Handtuch legen.

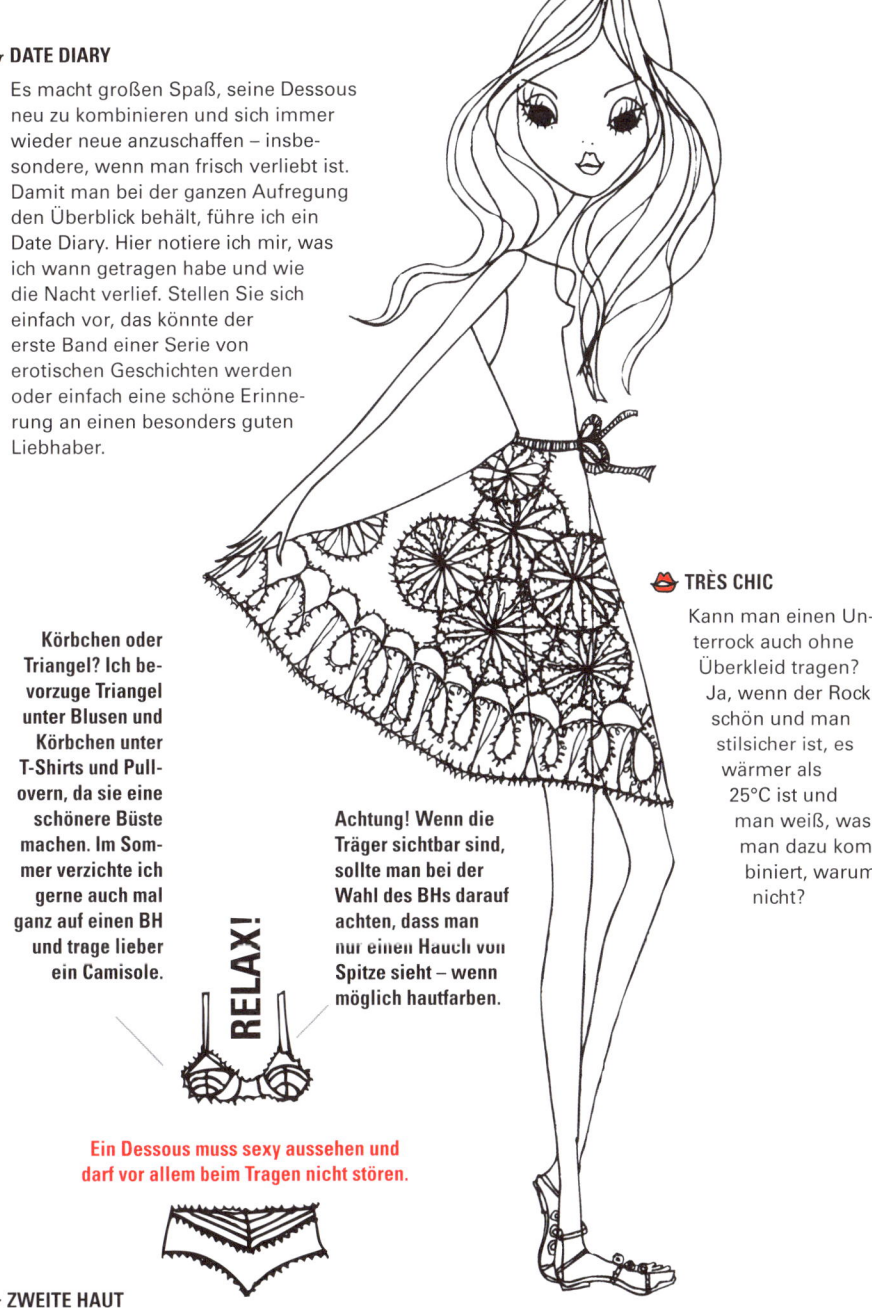

👄 DATE DIARY

Es macht großen Spaß, seine Dessous neu zu kombinieren und sich immer wieder neue anzuschaffen – insbesondere, wenn man frisch verliebt ist. Damit man bei der ganzen Aufregung den Überblick behält, führe ich ein Date Diary. Hier notiere ich mir, was ich wann getragen habe und wie die Nacht verlief. Stellen Sie sich einfach vor, das könnte der erste Band einer Serie von erotischen Geschichten werden oder einfach eine schöne Erinnerung an einen besonders guten Liebhaber.

👄 TRÈS CHIC

Kann man einen Unterrock auch ohne Überkleid tragen? Ja, wenn der Rock schön und man stilsicher ist, es wärmer als 25°C ist und man weiß, was man dazu kombiniert, warum nicht?

Körbchen oder Triangel? Ich bevorzuge Triangel unter Blusen und Körbchen unter T-Shirts und Pullovern, da sie eine schönere Büste machen. Im Sommer verzichte ich gerne auch mal ganz auf einen BH und trage lieber ein Camisole.

Achtung! Wenn die Träger sichtbar sind, sollte man bei der Wahl des BHs darauf achten, dass man nur einen Hauch von Spitze sieht – wenn möglich hautfarben.

RELAX!

Ein Dessous muss sexy aussehen und darf vor allem beim Tragen nicht stören.

👄 ZWEITE HAUT

Ob Panty oder Stringtanga, die Art des Slips ist reine Geschmackssache. Auf Folgendes sollte man achten: Er darf sich nicht abzeichnen, muss bequem sitzen und vor allem sexy aussehen.

BEACH LIFE

Der Bikini: Dieses kleine Stückchen Stoff erfordert den größten körperlichen Einsatz. Es gibt aber ein paar Mittel, mit denen man mogeln, vertuschen, hervorheben kann ...

Seidenblumen und gemalte Pünktchen

NEUER STYLE: Ein alter Bikini kann mit ein paar Kleinigkeiten zu neuem Leben erweckt werden. Eine Handvoll angenähter Seidenblumen oder neue bunte Bänder im Tunnelzug machen den Bikini wieder neu. Perlen und Charms an den Bikinibändern verwandeln jeden Bikini in ein Einzelstück. Weiße Bikinis bieten die perfekte Fläche, um mit einem Stoffmarker sein eigenes Muster zu kreieren.

ESSEN & TRINKEN: Das Lieblingseis hebe ich mir als genussvollen Moment für den Strandurlaub auf. Vor den Ferien vermeide ich – wenn möglich – Milchprodukte und zu viele Kohlenhydrate. Stattdessen gibt es abends Gemüsesuppen und viel Fisch, Huhn und Gemüse.

IN DER SONNE LESEN: Es gibt nichts Schöneres, als am Strand in der Sonne ein Buch zu lesen, den Kopf unterm Sonnenschirm, das Meeresrauschen im Ohr, bei einem leichten, warmen Wind.

BÜCHER FÜR DEN STRAND:
- Allure (Diana Vreeland)
- Der große Gatsby (F. Scott Fitzgerald)
- Die vielen Leben der Paula Fox (Bernadette Conrad)
- Kippenberger (Susanne Kippenberger)
- Alle sind erleuchtet (Kristin Rübesamen)

BIKINI SOS

SCHÖNHEIT: Für einen Bikini ist ein perfekt gepflegter Körper Voraussetzung. Dabei geht es nicht um klein oder groß, dick oder dünn, sondern um Ausstrahlung, Pflege und schnelle Resultate. Ein paar schnelle Schönheitsmittel:

WAXING: Während die Haare an Beinen und Achseln auch rasiert werden dürfen, ist für die Bikini Line ein Waxing obligatorisch. Vor dem Waxen benutze ich ein Peeling.

TONING: Zwei Wochen vor dem Urlaub gehe ich 3 x die Woche schwimmen und benutze jeden Morgen in der Dusche einen Luffaschwamm, damit meine Haut so richtig schön strahlt. Danach fünf Minuten eiskalt abbrausen – das ist gut für Bauch, Beine und Po.

VORBRÄUNEN: Ich halte nicht viel von Vorbräunen im Solarium. Lieber jogge ich in kurzen Hosen statt Leggings, um meine Haut an Licht und Luft zu gewöhnen.

PILATES: Zwei Wochen vor dem Urlaub mache ich täglich ein paar Pilatesübungen – das ist die effektivste Gymnastik für einen schönen, festen Bauch und straffe Beine.

GLOW: Bevor ich zum Strand gehe, trage ich eine Sonnencreme mit SPF 25 auf. Für den perfekten Glanz danach sorgen ein paar Tropfen Köperöl, z. B. von Leonor Greyl.

TOOLBOX

BIKINI-ACCESSOIRES:

lange Ketten, dekorative Armreife, Plateau-Sandalen, Ansteckblumen für Hut, Tasche oder als Haarschmuck, Lieblingsohrringe, Korbtasche für den Strand, elegante Tote für den Beachclub

SONNE & BRILLE:

Die Sonnenbrille ist schon lange ein MUST. Wählen Sie die Form passend zu Ihrem Gesicht und Ihrem Style. Der Klassiker, die Pilotenbrille von Ray-Ban, steht fast jedem. Eine modische Brille kann einem sportlichen Look sofort Allure verleihen.

Sonnenbrillen von
Emmanuelle Khanh,
L.A. Eyeworks,
Alain Mikli und
Ray-Ban

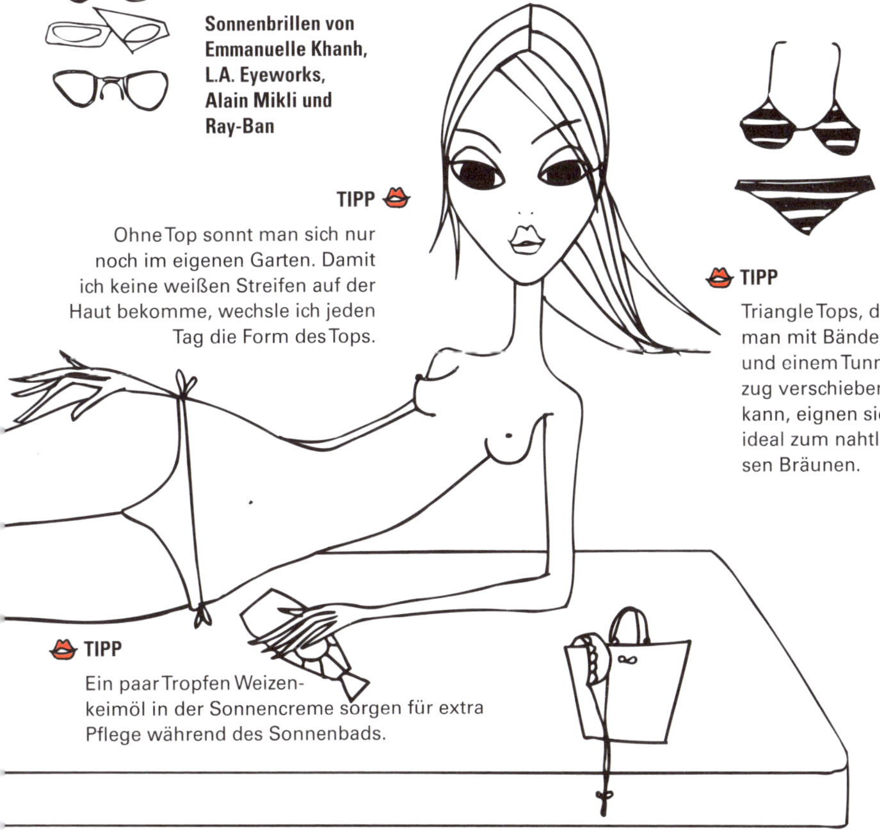

TIPP

Ohne Top sonnt man sich nur noch im eigenen Garten. Damit ich keine weißen Streifen auf der Haut bekomme, wechsle ich jeden Tag die Form des Tops.

TIPP

Triangle Tops, die man mit Bändern und einem Tunnelzug verschieben kann, eignen sich ideal zum nahtlosen Bräunen.

TIPP

Ein paar Tropfen Weizenkeimöl in der Sonnencreme sorgen für extra Pflege während des Sonnenbads.

SCHUHE

Ich sammle Schuhe. Sie sind
alle etwas Besonderes, egal ob hoch
oder flach, klassisch oder extrem.

I LOVE MY SHOES

SCHUHSAMMLUNG:

Trennen Sie sich nie von Ihren Schuhen. Jeder Stil erlebt irgendwann ein Comeback und wird dann als Vintage-Stück für viel Geld gehandelt. Bei Schuhen ist es deshalb umso wichtiger, nur die beste Qualität zu kaufen, denn sie sollen ja ein Leben lang halten.

BEQUEM:

Falls Ihre Lieblingsschuhe zu klein sind oder etwas drücken, tragen Sie die Schuhe einfach für zehn Minuten jeden Tag mit einem Paar nassen Socken. Sie werden schnell wieder bequem wie Pantoffeln sein.

SCHUHWERKSTATT:

Wenn es Ihnen Ihre Lieblingsschuhe wert sind, dann nehmen Sie sie mit nach Paris, dort gibt es nämlich den glamourösesten Schuster der Welt. Bei Minuit moins 7, 10, Galerie B, Passage Vero-Dodat, 75001 Paris, werden Ihre roten Christian Louboutin-Sohlen erneuert, Flecken aus Schuhleder weggezaubert und es gibt jede Menge pflegende Schuhcremes in allen Farben. Außerdem kennt man dort viele Tipps und Tricks zur optimalen Pflege von Schuhen ...

VINTAGE LOVE:

Designer holen sich ihre Inspiration in Vintage-Läden. Dort kaufen sie z. B. Fifties-Stilettos und nächstes Jahr sieht man sie auf den Runways. Schauen Sie doch selbst ab und an in den Läden vorbei und nehmen Sie die besten Modelle gleich mit.

NUR FÜR MICH:

Machen Sie es den Männern nach und lassen Sie sich ein Paar Loafers vom Schuhmacher anfertigen. Sie können sich das Leder, die Farbe und sogar das Garn für die Naht selbst aussuchen. Wer nicht viel Geld ausgeben möchte, lässt sich ein Paar Zehensandalen auf Capri machen.

SCHUHPUTZ:

Ich mache es wie Diana Vreeland, die ehemalige Chefredakteurin von *Harper's Bazaar* und *Vogue*, die jeden Abend ihre Schuhsohlen reinigte, damit sie sauber im Schrank standen. Zusätzlich stopfe ich alle getragenen Schuhe mit Seidenpapier aus, damit die Form erhalten bleibt und dem Leder Feuchtigkeit entzogen wird.

MEINE
SCHUHE

SO MACHEN SIE IHRE ABENDSCHUHE SELBER:

Messen Sie die Vorderkappe Ihres Schuhs und übertragen Sie die Maße auf das schwarze Spitze-Material. Schneiden Sie das Stück aus, prüfen Sie, ob es auf den Schuh passt, und besprühen Sie die Spitze von einer Seite mit Sprühkleber. Direkt auf den Schuhe kleben, fertig! ACHTUNG: Falls es beim Ausgehen regnet, lassen Sie sich von Ihrer Begleitung mit dem Auto direkt vor der Tür abholen.

 **FOKUS**

Mit Schuhen kann man leicht die Aufmerksamkeit auf sich ziehen. Sie müssen aber zum Rest der Kleidung passen!

WAS MAN BRAUCHT:
ein Paar Lieblings-Stilettos, feste schwarze Spitze, Sprühkleber, Stoffmarker und eine Schere

SPRÜHKLEBER

SCHWARZE SPITZE

STILETTO MIT SPITZE ÜBERZOGEN

TASCHEN

DIE LÖSUNG:

Dass man zu viele Handtaschen besitzt, merkt man meistens erst, wenn man keinen Platz mehr für neue hat. Jedes Jahr lassen sich die Designer neue Taschen mit abstrakten Namen einfallen: die Muse Bag, die Paddington etc. Irgendwann bin ich zu dem Entschluss gekommen, dass ich an sich nur noch zwei Sorten brauche: eine kleine – meine Vintage Chanel Bag – und eine große im Kontrast zur Chanel. Es kann einfach eine „I Love New York"-Tüte oder eine Jutetasche sein, Hauptsache groß und cool. Ich habe eine IRMA-Tasche entworfen, die ich über alles liebe und die mich zum Strand, zum Einkaufen und sogar auf Reisen begleitet. Man kann sie auf www.irmasworld.com ansehen und bestellen. Vielleicht hat man dann gleich ein Taschenproblem weniger.

TOLL! ENDLICH MAL GENÜGEND HANDTASCHEN!

Die MUSTS von links oben nach unten: Birkin Bag von Hermès, Multi Hobo von Yves Saint Laurent, Abendtasche von Chanel, Constance Micro Bag von Hermès, Mulberry Clutch, Handtasche von Valextra, Kelly Bag von Hermès, Mademoiselle Bag von Chanel, Prada Clutch, Marcie Saddle Bag und Aurore Bag von Chloé, Handtasche von Valentino, Chloé Clutch, Chanel Chain Bag, Prada Zip Clutch, Handtasche von Pierre Hardy, Chloé Clutch, Roger Vivier Handtasche, Reed Krakoff Shopper, Reisegepäck von Louis Vuitton, Hermès Schultertasche

🦀 KONTRASTE

Je größer der Kontrast, desto besser. Meine Chaneltasche trage ich z. B. zu Jeans und T-Shirt, nie zu einem Kleid von Chanel. Und eine Jutetasche oder Plastiktüte lässt sich gar nicht mal schlecht zu einem Mantel von Christian Dior kombinieren. Ist das nicht verrückt? Nein, so erzählt man mit einem Outfit eine Geschichte.

IRMAS BAG

Have a look!
www.irmasworld.com

JEDEN MONAT EINE NEUE:

Wer sich nicht festlegen kann und nicht auf eine Vielfalt von Modellen und die neuesten It-Bags verzichten möchte, der kann sich jeden Monat eine neue Tasche ausleihen unter www.fashionette.de.

REISEGEPÄCK muss

leicht, einfach im Umgang und schön sein. Ein Trolley von www.globetrotter. com ist absoluter Luxus. Aber auch Softbags in knalligen Farben von American Apparel sind die perfekten Begleiter.

I ❤ N.Y.

ACCESSOIRES

Davon kann man nicht genug haben. Glamouröse Outfits, Basics oder Klassiker bekommen durch das passende Accessoire jede Saison wieder einen neuen, modischen Twist.

HÜTE & KOPFSCHMUCK

SCHALS & HANDSCHUHE

SONNEN-BRILLEN, GÜRTEL & STRÜMPFE

HÜTE & KAPPEN:

Der Fedora – elegant und geheimnisvoll

Wenn es regnet und man keine Hand mehr frei hat für einen Schirm, sind Hüte ideal. Man kann sich unter ihnen verstecken, gegen die Sonne schützen oder eine schlechte Frisur kaschieren. Achten Sie darauf, dass Sie einen Hut haben, den Sie einfach in Ihre Tasche stecken können – wenn es aufhört zu regnen oder die Sonne nicht mehr scheint, können Sie ihn ganz leicht verstauen.

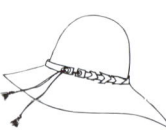

Der Filzhut – Bohème Chic zu langen Haaren

Der Facinator – wie der Name schon sagt: Er sorgt für Gesprächsstoff auf einer Party

Haarreif, Diadem Schmuckkämme und Schleifen – mit eleganten Details sind sie anstelle von Juwelen der perfekte Kopfschmuck.

Lange Handschuhe sind perfekt zu ärmellosen Kleidern.

HANDSCHUHE:

Früher ging man niemals ohne aus dem Haus, heute werden sie fast nur zum Schutz gegen kaltes Wetter getragen. Aber auch bei wärmeren Temperaturen können Handschuhe elegant wirken und Ihrem Sommerkleid die nötige Allure verleihen.

Man kann nie genug davon haben. Eine Mischung aus verschiedensten Farben und Webarten ist ideal.

SCHALS & FOULARDS:

Benutzen Sie sie wie Make-up, wie einen Lippenstift, der Ihrem Gesicht Farbe verleiht, Ihnen das gewünschte Strahlen gibt. Ein Schal muss warm und weich sein und darf sich auf keinen Fall wie eine Halskrause anfühlen.

SONNENBRILLEN:

Sonnenbrillen bevorzuge ich im klassischen Design. Wenn sie sehr modisch sind, müssen Farbe und Form genau zum Rest der Kleidung passen. Es sollte immer lässig aussehen und nicht gewollt.

GÜRTEL:

Gürtel sind perfekte Hilfen, um die Vorteile der eigenen Figur zu betonen. Nutzen Sie sie.

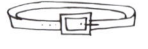

STRÜMPFE:

Man schenkt ihnen immer mehr Beachtung, da Schuhe selbst im Winter offen getragen werden und Strümpfe somit Teil des Schuhs werden.

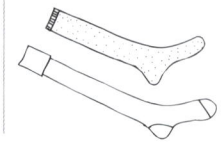

👄 SAUBERE STEINE

Steine können Sie ganz
einfach mit einem Tuch und
ein paar Tropfen Kölnisch
Wasser reinigen. Alternativ
gibt man den Schmuck
in ein Glas Wasser mit
einer Reinigungstablette
für Zahnprothesen. Über
Nacht einwirken lassen
und trocken polieren.

JUWELEN

SCHMUCK:

Hier ist definitiv weniger
mehr. An sich braucht
man nur einen Ring, eine
Vintage-Armbanduhr, ein
paar Goldreifen, eine lange
und eine kurze Halskette
und ein paar Ohringe,
die lang sind und deren
Steine die Augen
glänzen lassen.
Gold oder Silber,
fein oder grob?
Schmuck muss
zum Hauttyp
und zu den
Haaren
passen.

👄 ENTKNOTEN

Gold- und Silberketten ent-
knotet man am besten,
indem man die verkno-
tete Stelle mit etwas
Talkpuder bestreut.
Dadurch lässt
sie sich leichter
entwirren.

ORDNUNG MUSS SEIN

KLEINZEUG:

Strümpfe, Wäsche, Gürtel und Bänder verstauen Sie am besten in einer Kommode mit Schubladen oder in Hutschachteln, die Sie auf den Schrank stellen können. Das spart Platz und ist dekorativ, wenn die Schachteln hübsch sind.

DRESSING ROOM:

Es ist ein großer Luxus, wenn ein Zimmer in der Wohnung nur für die Ankleide bestimmt ist – und sei es nur eine Besenkammer. Bringen Sie an einer Wand einen großen Spiegel an (so wirkt der Raum größer) und besorgen Sie sich günstige Rollständer, auf denen Sie Ihre Kleider nach Farben, Themen oder Designern ordnen können. Ich verspreche Ihnen, so eine In-House-Boutique macht großen Spaß.

TOOLBOX

Das braucht man im Schrank:
- Kleidersäcke aus dünner Baumwolle
- Antimottenpapier
- alte Hutschachteln
- kleine Nadelkissen mit Duftöl
- Gummibänder
- alte Kissen und Bettbezüge als Kleidersack
- Zitronen- & Orangenschalen
- getrocknete Rosenblätter als Potpourri

SCHUHE:

Viel Platz spart man, wenn man sie an der Schrankwand aufhängt. Dafür dicke Gummibänder mit Reiszwecken an der Schrankwand befestigen. Flache Schuhe können hinter das Band gesteckt werden, hohe Schuhe mit dem Absatz eingehängt werden.

SAISONWECHSEL

Zweimal im Jahr, im Frühjahr und Herbst, ordne und räume ich alles um. Dann überlege ich auch, was mir noch fehlt für die kommende Saison, was ich behalte und was ich in den Secondhandshop gebe.

DUFT:

Sprühen Sie etwas von Ihrem Lieblingsparfüm oder einem speziellen Raumspray mit natürlichen Duftessenzen in Ihren Kleiderschrank, damit es gut riecht. Effektiv und einfach sind frische Orangenschalen, die ich auf einen Teller in den Schuhschrank stelle. Ein kleines Nadelkissen eignet sich gut als Duftquelle, wenn Sie es mit ein paar Tropfen Lavendelessenz bestäuben. Und Ihre verwelkten Rosenblätter können Sie zu Potpourri verarbeiten.

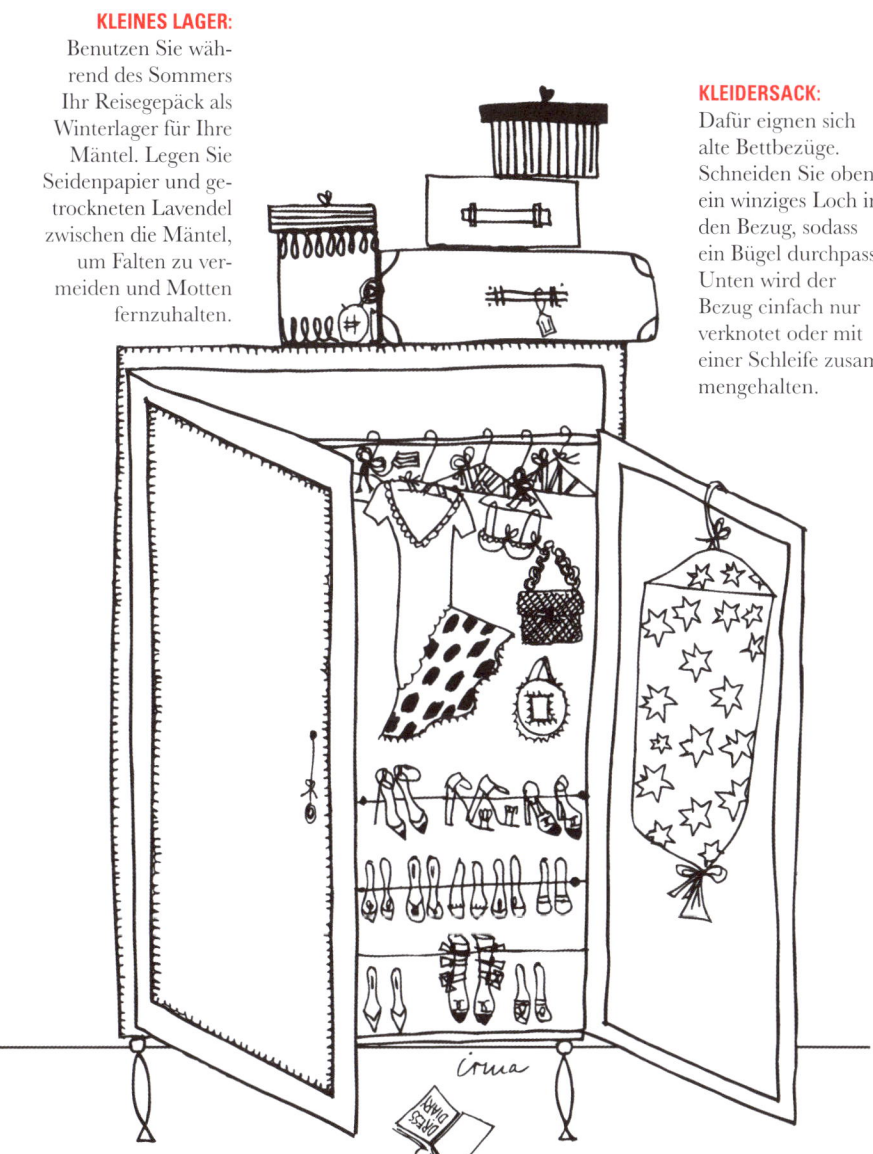

KLEINES LAGER:
Benutzen Sie während des Sommers Ihr Reisegepäck als Winterlager für Ihre Mäntel. Legen Sie Seidenpapier und getrockneten Lavendel zwischen die Mäntel, um Falten zu vermeiden und Motten fernzuhalten.

KLEIDERSACK:
Dafür eignen sich alte Bettbezüge. Schneiden Sie oben ein winziges Loch in den Bezug, sodass ein Bügel durchpasst. Unten wird der Bezug einfach nur verknotet oder mit einer Schleife zusammengehalten.

DRESS DIARY:
Führen Sie ein Tagebuch, in dem Sie notieren oder skizzieren, was Sie wann getragen haben – insbesondere, wenn Sie sich in einem Outfit wohlfühlen. Das Diary ist gleichzeitig Tagebuch und Ideengeber: Wenn Sie mal nicht wissen, was Sie anziehen sollen, schauen Sie einfach in Ihrem Dress Diary nach. Im Nachhinein ist es interessant zu sehen, wie sich Jahr für Jahr der Kleiderschrank vergrößert hat und sich die eigenen Vorlieben geändert haben.

Natürlich ist Mode Geschmackssache, aber ein paar Regeln sollte man befolgen. So gehen Sie auf Nummer sicher:

1. Denken Sie daran, dass es immer besser ist, wenn die Kleidergröße wirklich passt, als wenn man sich in eine kleinere Größe presst. Auch wenn es psychologisch knifflig ist: Akzeptieren Sie wenn's sein muss eine größere Größe, man sieht darin meist schlanker aus.

2. Bei Accessoires ist weniger definitiv mehr: Setzen Sie nur einen einzigen Schwerpunkt. Wenn ich eine auffallende Clutch trage, verzichte ich beispielsweise auf einen Facinator, der ebenfalls sehr auffällig ist.

3. Übernehmen Sie nicht jeden neuen Trend. Überlegen Sie, ob er Ihnen wirklich steht.

4. Tragen Sie nie einen einzigen Designer von Kopf bis Fuß.

5. Vorsicht vor Neonfarben. Eigentlich kann man sie nur tragen, wenn man unter zwanzig ist – oder als Schwimmweste.

6. Vorsicht bei zu hohen Absätzen. Wenn man klein ist, wirken die Beine bei ultrahohen Absätzen noch kürzer.

7. Tragen Sie nie hohe Schuhe, wenn Sie nicht wirklich damit gehen können. Es sieht lächerlich aus, wenn man auf hohen Absätzen durch die Welt wackelt.

NOTES:

ZU VIEL IST ZU VIEL 👄

Hier habe ich mir
einen Fauxpas
geleistet: Ich habe
einfach viel zu viel
eingekauft!

EDITING

STADT **PARTY** **JOB**

FRISUR

KLEIDUNG

Eine große Tasche, flache Ballerinas und einen Mantel mit Gürtel, den man offen oder geschlossen tragen kann

Ein sehr kurzes Kleid, eine Vintage-Tasche zum Umhängen (beim Tanzen) und ein Paar Schuhe, die den Stil des Kleids betonen

Langärmeliges Breton-Shirt, Shorts (nicht zu kurz), Cape, Loafers und eine mittelgroße Tasche, die viele Fächer hat

SCHUHE

👄 TIPP

Das Make-up gehört natürlich auch zum Editing. Wenn ich ein auffällig gemustertes Kleid trage, verzichte ich auf ein starkes Make-up. Zu Jeans und T-Shirt trage ich roten Lippenstift – dieser Look macht einfach Spaß.

IRMAS STYLE:

Meine Haare trage ich meistens offen, es sei denn, ich mache gerade Sport. Um meine Silhouette zu betonen, spiele ich gerne mit einem Gürtel – mal sitzt er tiefer auf der Hüfte (Party), mal höher in der Taille (Stadt), so kann ich die Proportionen der jeweiligen Kleidungsstücke verändern. Taschen, Schuhe und Accessoires sind Elemente, die meinem Look etwas Besonderes verleihen. Wichtig ist, dass Sie sich nicht zu lange überlegen: „Was ziehe ich bloß an?" Legen Sie gute Musik auf und geben Sie sich höchstens 10 Minuten Zeit, um Ihr Outfit zusammenzustellen.

SONNTAG

AIRPORT

GALA

Kaschmir-Pullo-
ver, schmal und
lang geschnitten,
extralanger Rock
aus fließendem
Material, bequeme
Biker Boots für
lange Spaziergän-
ge und eine Sattel-
tasche, die man
quer umhängen
kann.

Fließendes, langes
Kleid aus Seide,
sehr hohe Schuhe
mit dickem Absatz,
damit ich lange
tanzen kann, sowie
ein ausgefallenes
Schmuckstück

Seidenbluse mit
Weste, falls es im
Flugzeug kalt wird.
Hut und Brille,
große Tasche für
Pashmina und
Lesestoff; Schuhe,
die man leicht an-
und ausziehen kann

SHOPPING

CITY-SHOPPING

Es gibt nichts Schöneres, als sich an einem sonnigen Frühlingstag in der Stadt die ersten Sommerschuhe zu kaufen. Im Schuhgeschäft einfach alles anprobieren und ein bisschen Frühling mit nach Hause nehmen. 6 Tipps, wie es wirklich Spaß macht:

1. Gehen Sie auch mal abends nach Ladenschluss durch die Stadt und schauen Sie sich die Schaufenster an. Abends wirkt alles noch schöner und man hat mehr Ruhe und Muße.
2. Kaufen Sie dort ein, wo Sie herzlich empfangen werden und man Ihnen zusätzlichen Service anbietet, so z. B. dass man Ihnen die schweren Einkaufstüten mit dem Fahrradkurier nach Hause schickt.
3. Gehen Sie immer in Ihren Lieblingskleidern und -schuhen einkaufen. Beim Shoppen sollte man sich wirklich wohlfühlen, damit man auch nur kauft, was man braucht.
4. Wenn Sie modisch immer up to date sein wollen, sollten Sie von den Verkäufern als Erste erfahren, was neu im Laden angekommen ist und worauf es sich zu warten lohnt. Gutes Verkaufspersonal kennt den gesamten Einkauf und weiß, was Sie brauchen und was Ihnen steht.
5. Da Online-Shopping so erfolgreich geworden ist und gegenüber dem Einkauf im Geschäft auch Vorteile hat, darf man in manchen Geschäften die Ware zur Auswahl mit nach Hause nehmen. So kann man alles in Ruhe anprobieren und mit den eigenen Kleidern kombinieren.
6. Denken Sie daran: Ein gutes Geschäft soll Sie vor allem inspirieren. Wie sind die Fenster dekoriert? Gibt es dort frische Blumen und noch anderes außer Mode zu entdecken?

ONLINE-SHOPPING

Das Gute am Online-Shopping ist, dass man alles auf einem Blick hat, Preise und Looks vergleichen kann und auch noch viel Inspiration bekommt. 6 Tipps, wie es wirklich Spaß macht:

1. Abonnieren Sie den Newsletter Ihrer Lieblings-Online-Boutique, so werden Sie regelmäßig über Neuheiten und Trends informiert.
2. Digitale Magazine sind kostenlose Lektüre und die darin enthaltenen Foto-Shoots können als Inspiration für Ihr eigenes Styling dienen.
3. Vergleichen Sie Angebote und Preise von verschiedenen Online-Shops. Oft gibt es den Versand nach Hause sogar noch kostenlos dazu.
4. Informieren Sie sich über Trends auf Seiten wie www.style.com und sehen Sie sich die Fashion Show Ihres Lieblingsdesigners an, bevor Sie online kaufen. Dort bekommen Sie die ganze Kollektion im Überblick und können eine bessere Vorauswahl treffen.
5. Wer einmal online bestellt hat, wird es immer wieder tun, alleine wegen der hübschen Verpackungen. Ich benutze die Schachteln z. B. zum Ordnen meiner Dessous.
6. Wenn das Paket zu Hause angekommen ist, kann man die Neuanschaffungen wunderbar mit mit der restlichen Garderobe kombinieren und sehen, ob sie auch wirklich zum eigenen Stil passen. Ebenfalls kann man ausgefallene Stücke bestellen und sie in privater Atmosphäre mit anderen Lieblingsteilen ausprobieren.

GUT VORBEREITET 👄

Kaufen Sie nie unter Zeitdruck ein. Ich halte das ganze Jahr über Ausschau nach schönen Geschenken für meine Lieben – so habe ich für jeden Anlass etwas Ausgefallenes bereit.

FASHION-SOS

Mode-Pannen können Sie einfach geschickt wegmogeln ...

CHECKLISTE
Haben Sie auch an alles gedacht?

Die Lieblingsoutfits hängen gestylt im Schrank?

Sich vor einer Reise nach dem Wetter erkundigt?

Alle SOS-Hilfen in die Handtasche gepackt?

Eine Auswahl an T-Shirts zum Unterziehen im Schrank?

Eine große Tasche mit vielen Fächern für Ihre Reisen?

Für Ihre Kleider ein Unterkleid in Hautfarben und eins in Schwarz?

DAS WETTER:
Fragen Sie Siri, Ihren neuen, intelligenten und persönlichen Assistenten mit Sprachsteuerung im iPhone, nach dem Wetter, und sie wird Ihnen sagen, ob Sie heute in Paris einen Schirm benötigen. So packen Sie garantiert das Richtige ein, bevor Sie auf Reisen gehen.

EBEN NOCH GEPASST:
Ihre Jeans hat gestern noch gepasst und heute ist sie nicht mehr zuzukriegen? Ganz ruhig einatmen, ein paar Dehnübungen in der Jeans machen und zur Not den Reißverschluss geöffnet lassen. Ein längeres T-Shirt aus fester Baumwolle unter Ihrem Top gibt Ihnen ein sicheres Gefühl und verdeckt den offenen Verschluss.

HIGH HEELS:
Man geht ganz anders, wenn man den ganzen Tag mit hohen Schuhen läuft. Damit Sie auch viele Stunden durchhalten, empfehle ich Ihnen, leicht gepolsterte, halbe Einlagen in den Schuh zu legen, das entlastet den Fuß bzw. Fußballen.

UNTEN DRUNTER:
Ein Unterkleid oder ein Unterrock macht ein Kleid noch schöner. Es bringt Pölsterchen zum Schmelzen und zaubert ein tolles Dekolleté.

SCHICHTEN:
Wenn Sie sich beim Dresscode nicht sicher sind, kleiden Sie sich in Schichten, z. B. eine leichte Kaschmirjacke über ein Paillettentop. So können Sie für „Instant-Glamour" einfach die Jacke ablegen oder anlassen, wenn die Party eher casual ist.

SCHWERE BEINE:
Damit Ihre Beine nach einem langen Tag rank und schlank aussehen, tragen Sie abends, wenn Sie ausgehen, eine Stützstrumpfhose. Alternativ gibt es auch schicke Overknees mit Spitzenborte.

ANZIEHHILFE:
Es spart Zeit und Nerven, wenn Sie in Ihrem Kleiderschrank einige Lieblingsoutfits schon vorab zusammengestellt haben. Denken Sie dabei auch an die Handtasche, Schuhe und Accessoires.

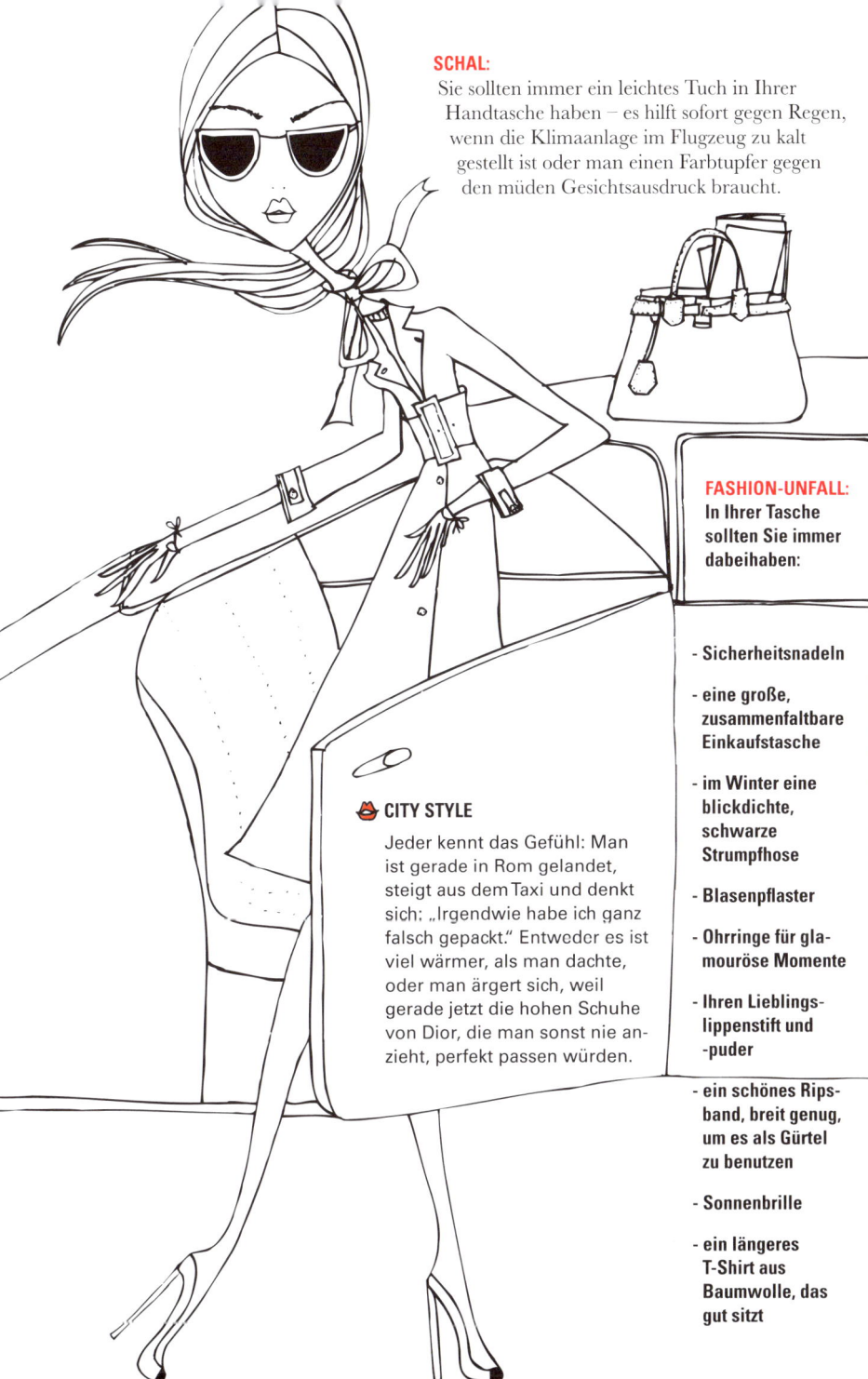

SCHAL:
Sie sollten immer ein leichtes Tuch in Ihrer Handtasche haben – es hilft sofort gegen Regen, wenn die Klimaanlage im Flugzeug zu kalt gestellt ist oder man einen Farbtupfer gegen den müden Gesichtsausdruck braucht.

FASHION-UNFALL:
In Ihrer Tasche sollten Sie immer dabeihaben:

- Sicherheitsnadeln

- eine große, zusammenfaltbare Einkaufstasche

- im Winter eine blickdichte, schwarze Strumpfhose

- Blasenpflaster

- Ohrringe für gla- mouröse Momente

- Ihren Lieblings- lippenstift und -puder

- ein schönes Rips- band, breit genug, um es als Gürtel zu benutzen

- Sonnenbrille

- ein längeres T-Shirt aus Baumwolle, das gut sitzt

CITY STYLE

Jeder kennt das Gefühl: Man ist gerade in Rom gelandet, steigt aus dem Taxi und denkt sich: „Irgendwie habe ich ganz falsch gepackt." Entweder es ist viel wärmer, als man dachte, oder man ärgert sich, weil gerade jetzt die hohen Schuhe von Dior, die man sonst nie an- zieht, perfekt passen würden.

NOTES

BEAUTY

Ein bisschen Lippenstift, ein wenig Puder, eine gerade Haltung, und schon ist man schöner. Das hört sich nicht nur einfach an – es ist es auch. Die Welt der Beautyprodukte und -tricks ist leicht zu durchschauen. Jeder sollte wissen, wie man sie sich zunutze machen kann – denn wenn man sich in seiner Haut wohlfühlt, strahlt man zusätzlich von innen heraus.

Make-up kann auch die Fantasie anregen. Ein gemalter Schönheitsfleck wirkt geheimnisvoll und der Hauch eines Duftes lässt Erinnerungen wach werden. Schönheit ist nicht nur Luxus, sondern etwas Alltägliches, mit dem man spielerisch umgehen kann.

JEDEN MORGEN SCHÖN

Beginnen Sie Ihren Tag mit ein paar Schönheitsritualen.

BEAUTY-CHECKLISTE

Hier sollten Sie ehrlich sein und nur ankreuzen, was Sie auch wirklich jeden Morgen tun. Sehen Sie die Liste als Anregung und ändern Sie ab morgen Ihre Gewohnheiten.

Haben Sie gut geschlafen?

Wer nachts gut schläft, sieht nicht nur frisch und entspannt aus, sondern regeneriert auch Körper und Seele. Schlaf ist das einfachste und kostengünstigste Schönheitsmittel der Welt.

Ein Glas heißes Wasser mit Zitrone getrunken?

Gleich nach dem Aufstehen trinke ich ein Glas lauwarmes Wasser mit ein paar Spritzern frischer Zitrone. Das belebt, regt den Stoffwechsel an und versorgt die Haut mit viel Feuchtigkeit von innen.

Frisches Obst zum Frühstück gegessen?

Eintönigkeit am Morgen ist nicht inspirierend. Frühstücken Sie deshalb immer was anderes, so wie Sie auch Ihr Lunchmenü ändern. Beginnen Sie jeden Tag mit frischem Obst, danach gibt es einen warmen Porridge mit frischen Mandeln oder ein Omelette aus zwei Eiweiß mit frischen Kräutern. Dazu trinke ich Grünen Tee.

Früh genug aufgestanden, um Stress zu vermeiden?

Ich stehe morgens lieber etwas früher auf, sodass ich genügend Zeit für mich habe. Eine kleine Atemübung vor dem Frühstück oder ein kurzer Spaziergang im Sonnenaufgang geben mir zusätzliche Energie für den Tag.

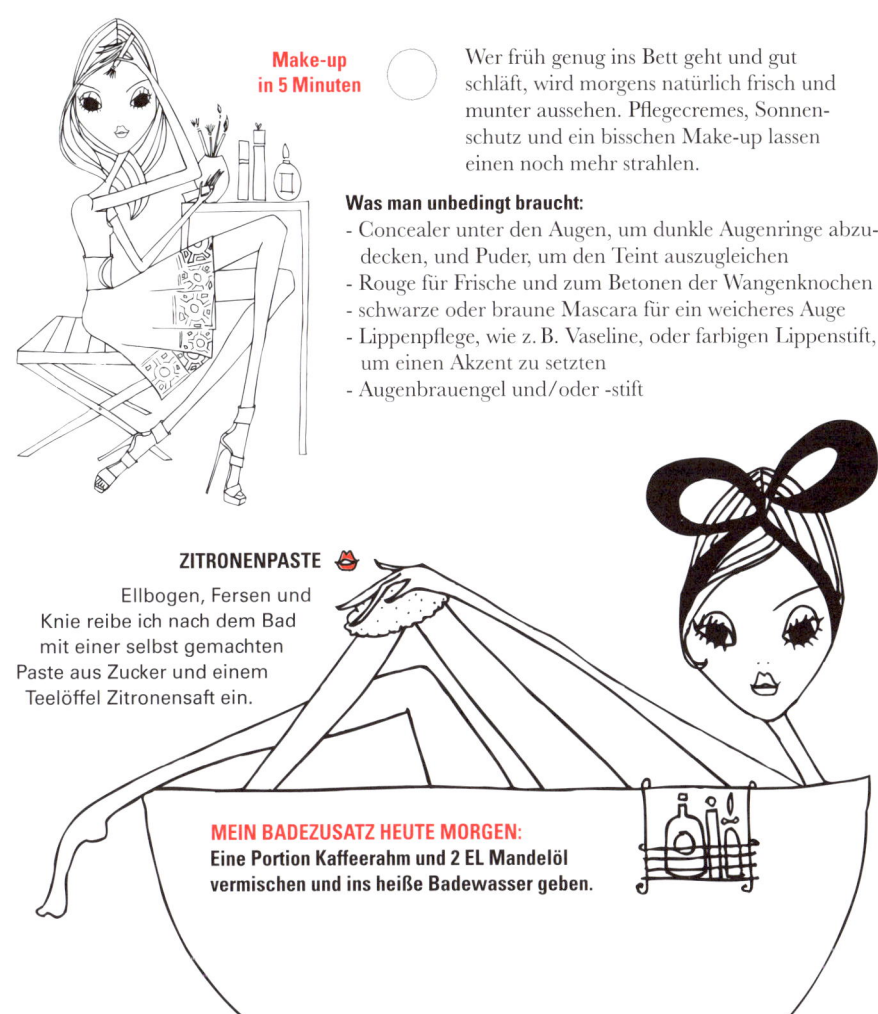

**Make-up
in 5 Minuten**

Wer früh genug ins Bett geht und gut schläft, wird morgens natürlich frisch und munter aussehen. Pflegecremes, Sonnenschutz und ein bisschen Make-up lassen einen noch mehr strahlen.

Was man unbedingt braucht:
- Concealer unter den Augen, um dunkle Augenringe abzudecken, und Puder, um den Teint auszugleichen
- Rouge für Frische und zum Betonen der Wangenknochen
- schwarze oder braune Mascara für ein weicheres Auge
- Lippenpflege, wie z. B. Vaseline, oder farbigen Lippenstift, um einen Akzent zu setzten
- Augenbrauengel und/oder -stift

ZITRONENPASTE

Ellbogen, Fersen und Knie reibe ich nach dem Bad mit einer selbst gemachten Paste aus Zucker und einem Teelöffel Zitronensaft ein.

MEIN BADEZUSATZ HEUTE MORGEN:
Eine Portion Kaffeerahm und 2 EL Mandelöl vermischen und ins heiße Badewasser geben.

MORGENRITUAL

Manchmal nehme ich mir morgens extra viel Zeit und gönne mir ein Vollbad.
Was ich dafür brauche:
ein Augenkissen mit Lavendel gefüllt, Badezusatz und Aromaöle, Duftkerze mit Granatapfelessenz, eine Tasse Kräutertee

BEAUTY JEDEN TAG

Eine Investition in die Zukunft: Wer täglich etwas für seine Schönheit tut, wird langfristig dafür belohnt.

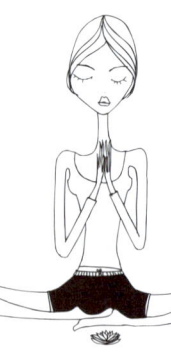

JEDEN TAG SPORT: Das hört sich anstrengender an, als es ist, kostet aber nur anfangs etwas Überwindung. Sobald Sie sich an die Glückshormone gewöhnt haben, die Ihr Körper bei Bewegung ausschüttet, werden Sie schnell ein tägliches Bedürfnis nach Sport entwickeln. Irgendwann wird es so selbstverständlich sein wie das morgendliche Zähneputzen. Finden Sie eine gute Mischung aus Ausdauertraining (Laufen, Schwimmen, Fahrrad fahren) und Entspannungsübungen, wie Tai Chi, Yoga oder Meditation (siehe S. 102 und 106).

CREMEN, CREMEN UND NOCH MAL CREMEN: Verwöhnen Sie Ihre Haut mit leichten Feuchtigkeitsemulsionen im Sommer und reichhaltigen Cremes und Ölen im Winter. Neulich hat mir ein Model gesagt, dass sie für jeden Körperteil eine spezielle Creme hat. Ich habe es ihr gleich nachgemacht und habe nun einige Tuben und Töpfchen mehr in meinem Bad stehen. Es wird sich lohnen, denn die Haut braucht die Feuchtigkeit nicht nur zur Pflege und Nahrung, sondern auch als Schutzschild gegen die Umwelt. Schreiben Sie sich große Nummern auf Ihre Cremetöpfe, und überlegen Sie sich eine sinnvolle Reihenfolge, zum Beispiel von oben nach unten, dann geht es morgens schneller.

KÖRPERPFLEGE: Versuchen Sie den größten Teil Ihres Pflegerituals gleich in der Früh zu erledigen. Das hat viele Vorteile: Morgens reagiert der Körper stärker auf Pflege von außen und innen, da der Körper von der Nacht ausgeruht ist.
Mit einer Trockenbürstenmassage auf nüchternen Magen kann man den Entgiftungsprozess der Nacht abschließen. Danach massiere ich den Körper mit Feuchtigkeitslotion, z. B. von Kiehl's, und reichhaltigen essenziellen Ölen, die ich tief einatme und so auch eine kleine Atemübung mache. Sunblocker und Handcremes können während des Tages immer wieder erneuert werden. Ein Feuchtigkeits-Gesichtsspray sorgt für einen frischen Teint unterwegs.

HABEN SIE HEUTE SCHON AN DIESE DINGE GEDACHT?

Ein großer Vorteil für Frauen: Mit ein paar einfachen Mitteln können sie ihre Schönheit unterstreichen.

PARFÜM
Man sollte nur eine Idee von einem Duft tragen. Mein Favorit: ein paar Tropfen ätherisches Mandarinen- oder Vanilleöl.

CREMES
Ich benutze nur die besten Cremes oder reines Avocadoöl mit ein paar Tropfen Zitronenessence. Ätherische Öle aus der Apotheke mische ich nach Bedarf in meine Hautcremes, zum Beispiel Pfefferminzöl, wenn meine Haut zu Unreinheiten neigt.

PINSEL & CO.
Ich habe sie in vielen Größen. Japanische Malpinsel eignen sich wunderbar für Puder und Rouge. Cremige Lidschatten trage ich am liebsten mit dem Finger auf, das wirkt am natürlichsten.

HANDTASCHE
Zusätzlich zu meinen Make-up-Utensilien habe ich immer ein paar Q-Tipps, Vaseline für die Lippen und zum Stylen der Augenbrauen, Zahnseide und einen Mattifier dabei. Im Sommer darf eine kleine Sprühflasche Thermalwasser, zum Beispiel von Avène, nicht fehlen.

TASCHENSPIEGEL
Ein Spiegel mit Vergrößerungsoptik gehört in jede Handtasche.

HAARSCHMUCK
Um meine Haare vor Wind, Sonne und Feuchtigkeit zu schützen, habe ich immer einen schönen Haarkamm oder -clip dabei. So kann ich die Haare im Nu zusammenbinden.

EINE SÜSSIGKEIT
Selbstverständlich achten Sie auf Ihre Figur, aber eine kleine Süßigkeit ab und zu macht schön! Schokolade mit 85 % Kakaoanteil wirkt antioxidantisch auf die Haut und steigert den Serotoninspiegel – da strahlt man von innen.

BEAUTY-
NO-NOS

Eine schöne, strahlende Haut bis ins hohe Alter behalten Sie, wenn Sie diese einfachen Tipps immer beachten.

NIE OHNE SUNBLOCKER DAS HAUS VERLASSEN

Gehen Sie nie aus dem Haus, ohne sich vorher mit mindestens SPF 15 eingecremt zu haben, und benutzen Sie nur Make-up mit Sonnenschutzfaktor. Direkte Sonneneinstrahlung versuche ich zu vermeiden, besonders am Meer und in den Bergen. Vergessen Sie nicht, die Sonnencreme auf die Ohren und die Haarscheitellinie zu geben, dort kann man sich nämlich auch leicht verbrennen.

BIO STATT FAST FOOD

Wer sich biologisch ernährt, sollte auch bei der Wahl der Kosmetik auf Bio umsteigen. Die Haut ist das größte Organ und braucht besondere Beachtung, zumal sie den ganzen Tag der Sonnen- strahlung (auch bei Wolken) ausgesetzt ist. Achten Sie auf eine antioxidantische Ernährung mit viel Gemüse, Obst und wenn möglich pflanzlichen Eiweißen. Trinken Sie mindestens 2,5 Liter stilles Wasser am Tag.

FREUNDLICH BÜRSTEN

Benutzen Sie den Luffaschwamm zum Trockenbürsten des Körpers nie am Abend, denn das stimuliert Ihren Blutkreislauf und regt Ihren Stoffwechsel an, was Sie munter macht. Auch das Gesicht sollte nie mit einer Bürstenmassage behandelt werden, dafür ist die Gesichtshaut zu empfindlich.

HAARE

Machen Sie es den Frauen des Fernen Ostens nach und trennen Sie sich von Ihren Körperhaaren. Ein glattes, haarloses Bein wirkt schlanker und länger. Ein haarfreies Gesicht leuchtet und wirkt ebenmäßiger. Wussten Sie, dass Sie den Haarwuchs an den Lippen mindern können, indem Sie mehrmals täglich frische Pfefferminzblätter kauen?

PICKEL & MITESSER

Man kann so viel dagegen tun, von innen sowie von außen. Ich betupfe einen Pickel mit einer angeschnittenen Knoblauchzehe. Das desinfiziert und heilt. Gegen Mitesser trinke ich täglich ein halbes Glas Rote-Bete-Saft (aus dem Reformhaus). Um die Hautporen zu verkleinern, benutze ich den Saft einer halben Zitrone und bepinsle mit dem Saft dreimal die Woche meine Gesichtshaut.

PIGMENTFLECKEN

Damit es nicht mehr werden, sollte man nie das Haus ohne Sonnenschutz verlassen (siehe oben). Aber wenn Sie schon da sind, hilft Ringelblumensalbe aus dem Reformhaus.

TROCKENE LIPPEN

Zum Glück hat man sie meistens nur im Winter. Ich bürste die Lippen kräftig mit einer Zahnbürste, da so die Durchblutung angeregt wird, und gebe dann etwas Kokosnussbut- ter auf die Lippen.

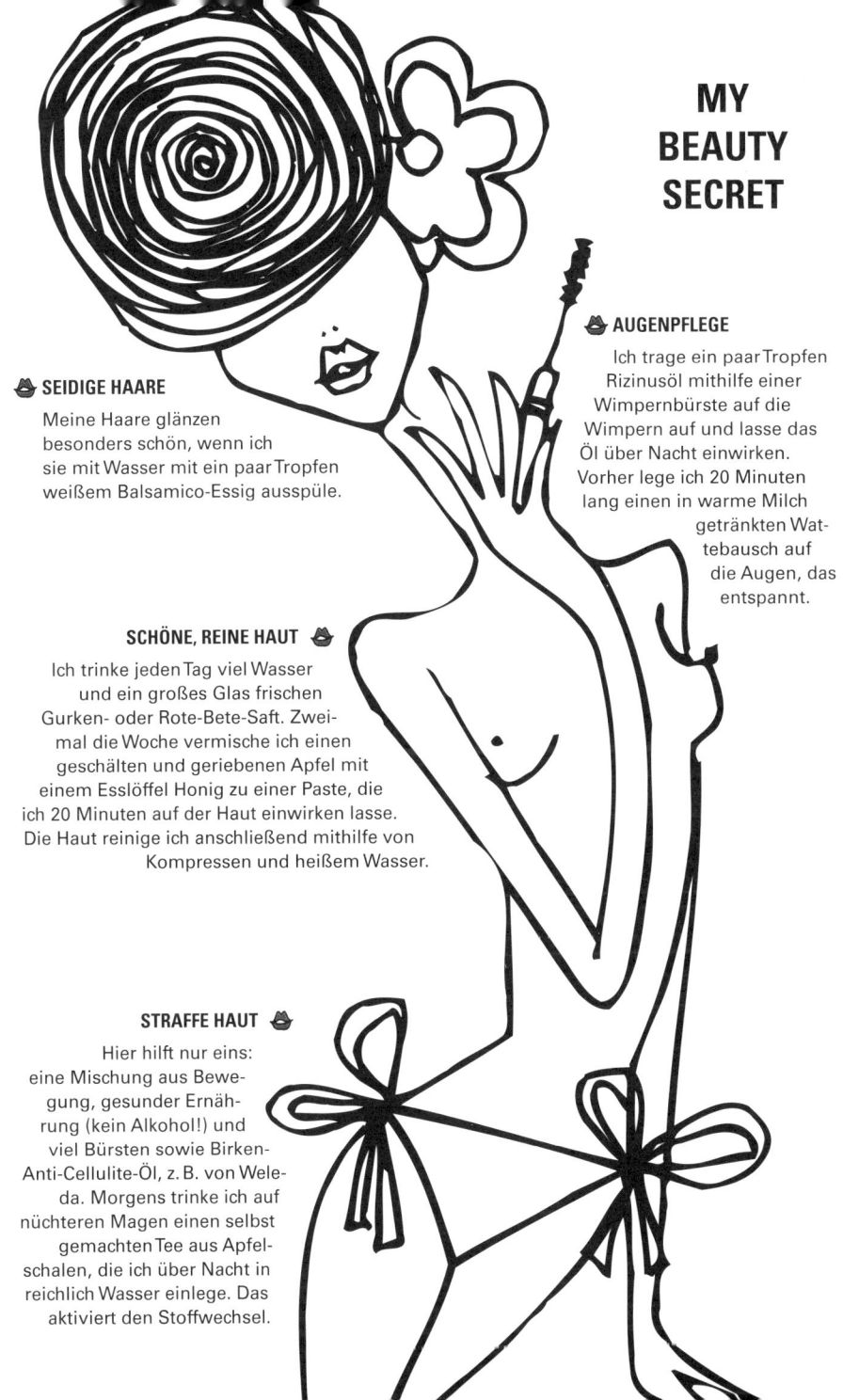

MY BEAUTY SECRET

AUGENPFLEGE

Ich trage ein paar Tropfen Rizinusöl mithilfe einer Wimpernbürste auf die Wimpern auf und lasse das Öl über Nacht einwirken. Vorher lege ich 20 Minuten lang einen in warme Milch getränkten Wattebausch auf die Augen, das entspannt.

SEIDIGE HAARE

Meine Haare glänzen besonders schön, wenn ich sie mit Wasser mit ein paar Tropfen weißem Balsamico-Essig ausspüle.

SCHÖNE, REINE HAUT

Ich trinke jeden Tag viel Wasser und ein großes Glas frischen Gurken- oder Rote-Bete-Saft. Zweimal die Woche vermische ich einen geschälten und geriebenen Apfel mit einem Esslöffel Honig zu einer Paste, die ich 20 Minuten auf der Haut einwirken lasse. Die Haut reinige ich anschließend mithilfe von Kompressen und heißem Wasser.

STRAFFE HAUT

Hier hilft nur eins: eine Mischung aus Bewegung, gesunder Ernährung (kein Alkohol!) und viel Bürsten sowie Birken-Anti-Cellulite-Öl, z. B. von Weleda. Morgens trinke ich auf nüchteren Magen einen selbst gemachten Tee aus Apfelschalen, die ich über Nacht in reichlich Wasser einlege. Das aktiviert den Stoffwechsel.

BEAUTY-TIMER

Welche Beauty-Behandlungen sollte ich wann machen lassen?

1 x DIE WOCHE

Dampfbad, Maske und Peeling fürs Gesicht: Ein Dampfbad aus aufgebrühten, getrockneten Kräutern ist nicht nur eine Wohltat für die Haut, sondern entgiftet den ganzen Körper. Die Haut öffnet die Poren, man schwitzt und scheidet Gifte aus. Anschließend kann eine Hautmaske besser einziehen und wirken. Mischen Sie sich Ihre eigene Kräutermischung nach Bedarf, z. B. Thymian und Kamille bei Entzündungen und Rosmarin und Salbei zum Desinfizieren.

Einen Beauty-Food-Tag: Unsere Ernährung sollte jeden Tag zu 70 % aus gesundem Essen bestehen. An einem Tag in der Woche sollte man sich aber ausschließlich von Beauty-Food ernähren: von frischem Fisch, besonders Lachs, frischem Obst, z. B. enzymreiche Ananas, Mango und Kiwi (reich an Vitamin C), sowie Mandelmilch, Bananen und Avocado. Verzichten Sie an diesem Tag auf Alkohol, Kaffee, Nikotin und, wenn möglich, auf Schokolade und Zucker. Die Haut wird schön, die Augen strahlen, und Ihr Körper wird es Ihnen danken.

Hornhaut an den Füßen entfernen, am besten morgens unter der Dusche.

Haarkur und Pflege für die Kopfhaut: Lassen Sie die Haarmaske über Nacht einwirken, oder binden Sie sich ein vorgewärmtes Handtuch um den Kopf, um die Maske besser einwirken zu lassen.

1 x IM MONAT

Mani- und Pediküre: Alle drei Wochen gönne ich mir eine professionelle Mani- und Pediküre. Nägel und Nagelhaut werden allerdings täglich mit Ölen und Cremes zu Hause gepflegt.

Mikrodermabrasion: Einmal im Monat lasse ich eine Mikrodermabrasion, eine Art physikalisches Peeling, beim Dermatologen machen, um mein Hautbild von Unreinheiten, Pigmentierungen und feinen Fältchen zu befreien. Nach der Behandlung ziehen die pflegenden Wirkstoffe besser in die Haut ein. Um neuen Pigmentierungen vorzubeugen, trage ich täglich Sonnenschutzfaktor 50 auf.

Epilation: Die Haare in der Bikinizone lasse ich durch ein Waxing entfernen; Achseln und Beine kann man auch rasieren. Gesichtshaare empfehle ich wegzulasern. Wer jeden zweiten Tag ein Körperpeeling benutzt, bleibt länger haarfrei.

Spitzen schneiden: Alle vier bis acht Wochen gehe ich zum Friseur. Fragen Sie vor der Haar-wäsche nach einer speziellen Haarkur, die Ihrer Haarstruktur angepasst ist. Oft muss man sich gar nicht von der Haarlänge verabschieden, sondern kann mit Haarkuren und -masken die Haarstruktur wieder aufbauen.

1 x IM JAHR

Zahnhygiene: Mindestens einmal im Jahr, noch besser alle sechs Monate, sollte man seine Zähne professionell reinigen lassen. Fragen Sie Ihren Zahnarzt nach den neuesten Pflegeprodukten, die Ihre Zähne schützen und schöner machen. Pflegen Sie Ihr Zahnfleisch halbjährlich zwei Wochen lang mit einer Ölziehkur, bei der Sie 1 EL Sonnenblumenöl 10 Minuten lang durch die Zähne ziehen.

Mesotherapie: Diese Behandlung, die ein bis zweimal im Jahr (Frühling und Herbst) von einem guten Dermatologen ausgeführt werden muss, kommt aus Frankreich. Mit einer sehr feinen Nadel werden spezielle Wirkstoffe oberflächlich in die Gesichtshaut eingespritzt. Die Hautoberfläche wird ganz minimal beschädigt, sodass die Erneuerung der Hautzellen angeregt wird.

MEIN BEAUTY PLAN

PERFEKTES TIMING

Ausführliche Beauty-
rituale sollten Sie vor
Ihrem Urlaub, vor einem
Partyabend oder einfach
an einem entspannten
Abend, einmal pro Woche,
einplanen. Man wird es
Ihnen ansehen!

BEAUTY-LABOR

Verwandeln Sie Ihre Küche in
ein Schönheitslabor und machen
Sie Ihre Masken einfach selbst.

TOOLBOX

**DIESE DINGE BRAUCHEN SIE, UM EINE
EIGENE MASKE ZUZUBEREITEN**
- Tonerde (aus dem Bioladen)
- grüne Tonerde für sensible Haut
- weißes Kaolin für normale bis fettige
  Haut
- verschiedene ätherische Aromaöle

SO WIRD'S GEMACHT:
Das Verhältnis von Tonerde zu Wasser
ist 2:1. Geben Sie noch etwas Wasser
dazu, wenn die Paste zu trocken ist, oder
Tonerde, falls sie zu flüssig ist. Jetzt
können Sie Honig, frische Kräuter und
ein paar Tropfen Aromaöl hinzugeben,
z. B. Lavendel, Rose oder Geranium. Die
Maske wird reichhaltiger, wenn Sie
noch etwas Vollmilch hinzugeben. Milch
enthält Vitamin A und Protein.

Reinigen Sie Ihr Gesicht mit warmem
Wasser. Die Maske auftragen, etwa
15 Minuten einwirken lassen und mit
einem feuchten, warmen Tuch abwaschen. Ein feines Käseleinentuch wirkt
zusätzlich wie ein leichtes Peeling.

DAS SOLLTEN SIE IN DER KÜCHE HABEN:

ZITRONENMASKE:
Zitrone wirkt desinfizierend und löst tote
Hautschuppen. Perfekt für ölige Haut.
4 EL Tonerde
2 TL Zitronenfleisch
2 TL Honig
2 TL Wasser
2 Tropfen Eukalyptus- oder Jojobaöl
Wie links beschrieben vorgehen.

HAFERFLOCKENPEELING:
Mit **Haferflocken** kann man sich ein einfaches
Peeling selbst machen.
½ Tasse Haferflocken im Mixer zerhacken
und mit warmem Wasser zu einer Paste verrühren.
Nach Bedarf 2 Tropfen Mandarinenöl für den
Duft hinzufügen.

EIERMASKE:
Schlagen Sie mit dem Handrührgerät 2 **Eiweiß** zu
einer Schaummaske und lassen Sie sie 10 Minuten
einwirken. Ihre Poren werden verkleinert und die
Haut fühlt sich angenehm straff an.

AVOCADOCREME:
Die beste **Feuchtigkeitspflege** mit natürlich hohem
Vitamin-E-Anteil und ohne Konservierungsstoffe
4 EL Tonerde
½ zerdrückte Avocado oder 2 TL Avocadoöl
2 TL Wasser
4 Tropfen Rosenöl
Wie links beschrieben vorgehen.

WEIZENKEIMÖL:
Ideal für sehr **trockene Haut** im Winter.
1 TL Weizenkeimöl
auf Gesicht, Hals, Dekolleté, Hände, Ellbogen,
Knie und Fersen einmassieren.

WERKZEUG

Jetzt brauchen Sie nur noch das richtige Werkzeug, z. B. kleine Porzellanschalen, Trichter, Perlmutt- oder Holzlöffel, Pinsel zum Auftragen, Leinen- oder Käsetuch sowie einen Platz in der Küche, wo alles bereitsteht. Masken kann man sich leicht und schnell zwischendurch mixen, vielleicht sogar schon zum Frühstück. Je frischer und besser die Qualität der Zutaten ist, desto effektiver die Wirkung.

PINSELPFLEGE

Meine Make-up- und Concealerpinsel reinige ich nach jedem Gebrauch unter fließend warmem Wasser. Puderpinsel klopfe ich nach dem Gebrauch in einem weißen Handtuch aus.

SCHÖNE HAARE

Sie sind, wie sie sind und machen, was sie wollen.

CHECKLISTE
WIE GUT IST IHR FRISEUR?

Ist Ihr Friseur modisch versiert und hat er Ihren persönlichen Stil erkannt?

Ist er um die Gesundheit Ihres Haares bemüht, oder möchte er Ihnen nur eine Blondierung verkaufen, die dem Haar nicht guttut?

Welche Pflege- und Färbeprodukte benutzt Ihr Friseur? Bestehen Sie nur aus Chemie oder auch aus natürlichen Substanzen?

Wie wird Ihnen die Zeit beim Friseur angenehm gemacht? Gibt es internationale Zeitschriften, guten Kaffee und WLAN?

Ist Ihr Friseur gut organisiert? Stimmt das Preis-Leistungs-Verhältnis und verlassen Sie den Salon mit einem guten Gefühl?

HAARCOCKTAIL:
Eine Haarwäsche mit Champagner bringt Ihre blonden Highlights zur Geltung und etwas Bier im Conditioner lässt Ihre Haare glänzen. Man sollte also nie nach einer Party den abgestandenen Champagner wegschütten.

FARBE: Wenn Sie Ihre Haare aufhellen möchten, bedenken Sie, dass Sonne und Chlorwasser Ihre Haare zusätzlich aufhellen werden. Also lieber einen dunkleren Ton wählen und ein paar Haarwäschen abwarten, dann hat man die natürlich gewünschte Farbe.

AUS 1 MACH 2:
Langes Haar wirkt voluminöser, wenn man es mit einer flachen Bürste über Kopf bürstet und dann ein Volumenserum auf die Haarwurzeln gibt. Die Haarwurzeln ein paar Sekunden heiß nachföhnen, dann den Kopf zurückwerfen und nur die Spitzen bürsten. Fertig!

HOCHGLANZ
Lernen Sie von anderen Kulturen, und Sie werden immer glänzende Haare haben.

HAWAII & AUSTRALIEN: Im Mixer pürierte Macadamianüsse in die Haarspitzen geben.

MEXIKO: Vor der Wäsche etwas Avocadoöl in die Haare einmassieren.

ITALIEN: Vor dem Ausspülen 3 EL Olivenöl in Haare und Kopfhaut einmassieren.

MEIN TIPP: Ich mische 1 TL klaren Essig in ein Glas kaltes Wasser und gebe es nach der Haarwäsche über das Haar. Der Säuregehalt glättet die Struktur, sodass das Haar mehr Licht reflektiert. Danach gebe ich ein paar Tropfen Magnoliaöl von Leonor Greyl in die Haarspitzen.

SAUBERES WERKZEUG:
Alle drei Wochen sollte man seine Bürsten reinigen, indem man die Haare daraus entfernt und in einer Lauge mit mildem Shampoo im Waschbecken warm auswäscht. Lassen Sie die Bürsten nicht in der Lauge liegen, da Sie sonst kaputtgehen. Danach an der Luft trocknen lassen.

HAAR**PFLEGE**

**MEINE LIEBLINGSHAARKUR,
NATÜRLICH SELBST GEMACHT**
Diese Haarkur ist perfekt geeignet für
ölige Kopfhaut und gleichzeitig trockenes,
strohiges Haar.

MAN NEHME:
1 Tasse kochendes Wasser
4 Zweige Rosmarin
2 TL Mandelöl
½ Papaya
½ Avocado
½ Zitrone

1. Eine Tasse kochendes Wasser über
den frischen Rosmarin gießen und ab-
kühlen lassen.
2. Mandelöl in die Kopfhaut einmassieren.
3. Die Avocado
und die Papaya
zusammenmixen
und den Saft der
halben Zitrone
hinzugeben.
4. Das Rosmarin-
wasser in eine Sprüh-
flasche geben.
5. Die Fruchtmischung auf
den Haaren verteilen.
6. Das Rosma-
rinwasser
über die Haare
sprühen.
7. Haare mit einem Handtuch
bedecken und 15 Minuten
einwirken lassen.
8. Haare mit einem milden
Shampoo auswaschen,
fertig!

LOCKEN, WELLEN, ETC.
Schauen Sie aus dem
Fenster, bevor Sie
Ihre Haare stylen. Wie
wirkt sich das Wetter
auf Ihr Haar aus?
Wählen Sie entspre-
chende Stylingprodukte
und Schutzmaßnahmen,
sodass Ihre Frisur z. B.
trotz hoher Luftfeuchtigkeit
toll aussieht. Im Notfall hilft
ein Hut oder ein Tuch.

NOTES

PARFÜM

Ein Parfüm ist wie eine Visitenkarte. Ihr Duft sollte nie penetrant sein, sondern einfach nur angenehm.

MEINE LIEBLINGS-PARFÜMSHOPS

LES SENTEURS, London
www.lessenteurs.com

MAITRE PARFUMEUR
ET GANTIER, Paris
www.maitre-parfumeur-et-gantier.com

BOND NO. 9, New York
www.bondno9.com

DIE ALTERNATIVE ZU PARFÜM:
Nehmen Sie Ihr Lieblingsgewürz, z. B. Anis, und zerkleinern Sie es in einem Mörser. Das feine Pulver vermischen Sie mit ein paar Tropfen Mandelöl und geben ein wenig davon auf den Puls. Etwas frisches Vanillemark aus der Schote mit einem Tropfen Rosenöl hinterm Ohr belebt die Sinne.

RAUMDUFT: Einige Tropfen meines Lieblingsparfüms gebe ich auf die Glühbirne einer Lampe. Sobald ich das Licht anmache und die Birne heiß wird, habe ich meinen Lieblingsduft im ganzen Raum.

AROMAÖLE: Für eine parfümierte Bodylotion gebe ich ein paar Tropfen ätherisches Mandarinenöl in eine neutrale, reichhaltige Mandelmilch. Als Basislotion eignet sich auch ein gutes Mandelöl.

DATUM:

MOMENTANES PARFÜM:

AKTUELLE STIMMUNG:

No.5

FRAGEBOGEN

BEANTWORTEN SIE DIESE FRAGEN MIT IHRER FREUNDIN ODER FÜR SICH ALLEINE

WELCHER DUFT BRINGT SIE ZUM LACHEN?

WONACH RIECHT IHR ERSTES DATE?

WELCHE FARBE RIECHT AM BESTEN?

WENN SIE EINE NASE WÄREN, NACH WAS MÜSSTE IHRE KREATION RIECHEN?

WELCHER DUFT MACHT SIE MÜDE?

AN WELCHES PARFÜM DENKEN SIE, WENN SIE AN EINEN SEITENSPRUNG DENKEN?

WELCHE WEIBLICHE PERSÖNLICHKEIT MÖCHTEN SIE BESONDERS GERNE RIECHEN?

WONACH RIECHT IHRE GROSSE LIEBE?

KÖNNEN SIE SICH NOCH AN IHR ERSTES PARFÜM ERINNERN?
SCHREIBEN SIE ALLE SPÄTEREN DÜFTE IN CHRONOLOGISCHER REIHENFOLGE AUF.

SCHÖN STRAHLEN

Es gibt Menschen, die leuchten von innen heraus. Sie strahlen ein solches Wohlbefinden aus, dass es manchmal sogar ansteckend ist.

LEBENSWANDEL: Wenn man mit sich und der Welt im Reinen ist, kann nicht viel schiefgehen. Wichtig ist, dass man die Zeichen seines Körpers richtig versteht. Ich spüre genau, wenn etwas nicht im Lot ist, wenn ich z. B. zu viele Genussmittel wie Kaffee zu mir genommen habe oder zu wenig Schlaf hatte.

WIE CONNECTE ICH?

An sich ist es einfach: Sie müssen sich Ihrer selbst in IHRER Umwelt bewusst werden. Fragen Sie sich: Wie und wo lebe ich? Bin ich oft in der Natur? Die Natur spielt eine wichtige Rolle. Wenn Sie einmal alleine bei einem Waldspaziergang fünf Minuten stehen bleiben und der Stille lauschen, werden Sie wissen, was ich meine.

ICH BIN, WAS ICH ESSE: Auf die Qualität kommt es an: Es geht nicht darum, möglichst wenig, sondern möglichst hochwertig zu essen. Die meisten Diäten unterliegen einem Trend und machen weder schlank noch glücklich. Essen Sie lieber ganz bewusst besonders gute Dinge. Ihr Körper wird es Ihnen danken. Verzichten Sie bloß nicht auf hochwertige Öle oder Butter/Ghee, denn der Körper braucht Fette, um alles im Fluss zu halten. Wer viel Süßes gegessen hat, sollte zum Ausgleich grünen Salat, Obst und Gemüse essen, das bringt den pH-Wert wieder ins Gleichgewicht. Merken Sie sich: Alles lässt sich ausgleichen und wieder in Balance bringen.

BERÜHRUNGSPUNKT: Für ein frisches, entspanntes Gesicht, das den ganzen Tag strahlt, mache ich dreimal die Woche eine Gesichtsmassage. Hierfür nehme ich fünf Tropfen Mandelöl. Mit leichten, kreisenden Bewegungen massiere ich mein ganzes Gesicht, von der Stirn über das Kinn bis hin zum Hals. Dann streiche ich mit dem Daumen von den Augenbrauen zum Haaransatz und von den Seiten der Nasenflügel nach unten, mit kreisenden Bewegungen um den Mund herum. Ich massiere auch meine Ohren und klopfe leicht unter den Augen. Zum Schluss streiche ich mit beiden Händen über das Gesicht, bis die Gesichtshaut angenehm warm wird. Bald werden Sie am besten wissen, was Ihnen guttut.

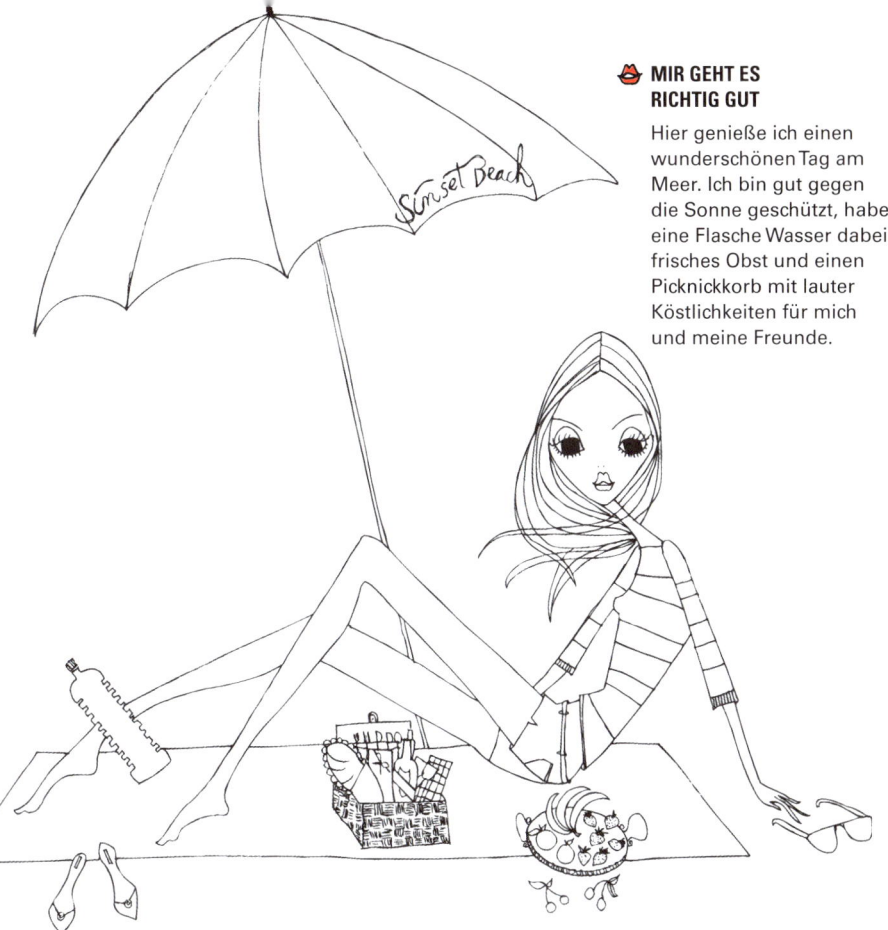

Sunset Beach

Hier genieße ich einen wunderschönen Tag am Meer. Ich bin gut gegen die Sonne geschützt, habe eine Flasche Wasser dabei, frisches Obst und einen Picknickkorb mit lauter Köstlichkeiten für mich und meine Freunde.

SOFORT STRAHLEN
FÜNF TRICKS, WIE MAN SOFORT UND OHNE VORBEREITUNG STRAHLT

1. An eine glückliche große Liebe denken. Wem dazu nichts einfällt, der schaut sich einfach um. Gibt es jemand im Café, in der U-Bahn oder im Park, der Ihnen gefallen könnte?

2. Sich an der frischen Luft schnell und zügig bewegen. Hüpfen und springen Sie wie ein kleines Kind, die haben meistens rote Bäckchen und strahlen.

3. Tauchen Sie Ihr Gesicht so lange wie möglich in Eiswasser.

4. Diese ayurvedische Maske wirkt Wunder: 5 Mandeln über Nacht in Wasser einweichen, schälen und im Mixer mit einem Viertel Gurke, ein paar Minzblättern, einer Messerspitze Kurkuma, $\frac{1}{2}$ EL Kichererbsenmehl vermischen und so viel Vollmich dazugeben, bis eine weiche Paste entsteht. 30 Minuten einwirken lassen und mit warmem Wasser abwaschen. Lächeln!

5. Wussten Sie, dass Lachen glücklich macht? Ja klar! Dann tun Sie es bitte, so oft es geht. Denken Sie an etwas Lustiges, genießen Sie Gespräche und Freizeit mit Freunden und lachen Sie ganz laut, wenn Sie so richtig glücklich sind.

HAPPY !?

Was bedeutet Glück?
Warum hat man nicht immer Glück? Und warum kann man das Glück nicht für immer festhalten, wenn man es einmal gefunden hat? Wenn man richtig glücklich ist, fühlt es sich einmalig an. Diese Momente muss man einfach genießen und sich nicht zu viele Gedanken über die Zukunft machen.
Für sein Glück kann man auch etwas tun: Es liegt nicht einfach auf der Straße. Wenn man mit offenen Augen durch die Welt geht, wird es einen finden. Ich reise gerne, erlebe viel und habe interessante Menschen um mich.
Das ist mein Glück.

ICH BIN WEG

Warum es gut ist, von Zeit zu Zeit die eigenen vier Wände zu verlassen und nach Neuem Ausschau zu halten.

VORFREUDE

Ich bereite mich zu Hause gut auf meine Reisen vor. Das macht Spaß, spart Zeit und ich finde mich am Urlaubsort schneller zurecht.

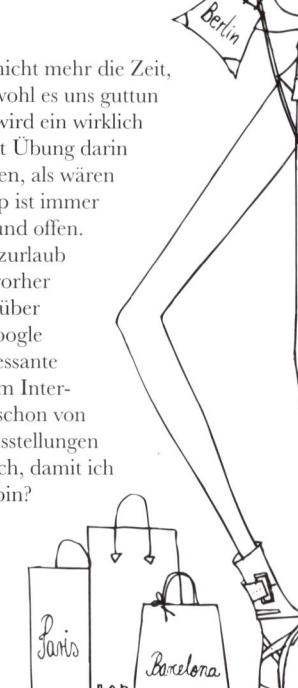

TAPETENWECHSEL: Es ist ganz normal, dass wir das Bedürfnis haben, ab und an unsere Umgebung zu ändern, auch wenn wir uns zu Hause wohlfühlen. Eine Reise erweitert den Horizont und man kommt reich an Eindrücken wieder zurück. Wer nicht verreisen kann, sollte einen anderen Weg finden, sein gewohntes Umfeld von Zeit zu Zeit zu wechseln.

ZEIT: Leider haben wir heute nicht mehr die Zeit, um monatelang zu verreisen, obwohl es uns guttun würde. Wer länger unterwegs ist, wird ein wirklich „guter" Reisender. Man bekommt Übung darin und bewegt sich in fremden Welten, als wären sie ganz vertraut. Das Grundprinzip ist immer gleich: Sei neugierig, freundlich und offen. Wenn die Zeit nur für einen Kurzurlaub reicht, beschäftige ich mich lange vorher mit dem Ziel. Ich informiere mich über die Umgebung des Hotels bei Google Earth, lese Bücher, sammle interessante Zeitungsartikel und recherchiere im Internet: Welche Restaurants kann ich schon von zu Hause aus buchen, welche Ausstellungen sind interessant, und was packe ich, damit ich stilvoll und angemessen gekleidet bin? Kontaktieren Sie schon vorab den Concierge Ihres Hotels. Sagen Sie ihm, was Sie erleben möchten – er kann Ihnen bestimmt ein paar gute Tipps geben.

MEIN TRAUMZIEL:
WER NICHT TRÄUMT, KOMMT NIRGENDWO HIN!

_____

_____

ZU HAUSE, WEIT WEG
WER NICHT VERREISEN KANN, BLEIBT ZU HAUSE UND MACHT EINFACH MAL ALLES ANDERS.

1. Machen Sie ein Wochenende Exerzitien in einem Kloster in der Nähe Ihrer Stadt. Sie werden in den Klosteralltag miteingebunden, beschäftigen sich viel mit Meditation, lernen einen anderen Lebensentwurf kennen und dürfen vielleicht sogar im Klostergarten Kräuter ernten.

2. Gehen Sie alleine zum Lunch und beobachten Sie die Passanten. Wenn Sie mutig sind: Besuchen Sie am Abend alleine eine Hotelbar – Sie werden überrascht sein, was Sie erleben.

3. Buchen Sie eine persönliche Stadtführung, die speziell auf Ihre Interessensgebiete hin zusammengestellt wurde, z. B. interessante Architektur, Gourmet-Highlights oder Kriminalgeschichte.

4. Reservieren Sie ein Zimmer in einem Hotel in Ihrer Stadt, das Sie schon immer mal besuchen wollten. Nutzen Sie das komplette Angebot: Spa, Room Service, Personal Trainer etc., und fühlen Sie sich wie ein Star.

5. Kennen Sie Ihr Umfeld wirklich gut? Gibt es in Ihrer Stadt nicht doch ein Viertel, in dem Sie sich noch nie so richtig umgesehen haben? Stellen Sie sich vor, einen ganzen Tag dort zu verbringen. Wofür steht das Viertel? Was gibt es dort zu sehen? Wo werden Sie mittagessen? Seien Sie offen und geben Sie der neuen Umgebung eine Chance. Sie werden viel zu erzählen haben.

Hier bin ich für ein Wochenende mit Freunden im Atlasgebirge in Marokko. Tagsüber genießen wir die Sonne, und abends ziehen wir uns ins Zelt zurück, wo wir Tee trinken und aus Tajines essen. Das erlebt man nicht alle Tage.

WELCHER REISETYP SIND SIE?

STADT, LAND, FLUSS

ABENTEUER

STUDIOSUS

BEACH, SUN & FUN

SPORT & RELAX

WOHIN REISEN?

REISEN WIE FRÜHER: Ein Wochenende in Rom oder eine Flussfahrt auf der Donau, eine Alpenüberquerung mit dem Heißluftballon oder eine Fahrt durch das französische Bordeauxgebiet. Die schönste Form des Reisens: einfach schauen und entdecken. Ich setze mich in mein Auto und fahre in Richtung Süden. Sobald ich müde werde, suche ich mir ein Hotel und erkunde die Gegend.

DAS UNERWARTETE FINDEN: Für Mutige, die von einer Reise mehr als nur Erholung und nette Bekanntschaften erwarten: Der Reisende sucht sein Abenteuer möglichst weit von zu Hause entfernt und sollte flexibel und unempfindlich sein. Dafür muss er sich einfach auf etwas Fremdes oder Unerwartetes einlassen, sei es ein Erlebnis, eine ungewohnte Speise oder was auch immer. Ich erlebe auf jeder Reise mindestens ein Abenteuer, von dem ich dann zu Hause erzählen kann.

LERNEN IST LUXUS: Wer in seinem Urlaub etwas dazulernt, hat selbst am meisten davon. Egal ob beim Sprachkurs oder Kochkurs: Man kommt bereichert zurück nach Hause. Für Tipps unterhalte ich mich immer sehr ausführlich mit dem Concierge in meinem Hotel, so ist der persönliche Guide im Zimmerpreis enthalten.

DAS KLASSISCHE SOMMERERLEBNIS: In der Sonne liegen, das Rauschen der Meeresbrandung im Ohr, im Salzwasser planschen, den Sonnenuntergang genießen ... Das ist oft die Vorstellung des idealen Sommerurlaubs. Das Problem: Es kann einem schnell langweilig werden. Ich kombiniere gerne Sightseeing-Tours mit ein paar Tagen Nichtstun am Strand. So habe ich das perfekte Gleichgewicht zwischen Tun und Nichtstun.

SPORT MACHT GLÜCKLICH: Ein Segeltörn in der Karibik oder ein Yoga-Retreat in Goa kann eine Reise der Selbstfindung und der Veränderung werden. Ein Tai-Chi- oder Qi-Gong-Workshop in Peking ist eine Reise in eine neue Welt. Sportreisen sind empfehlenswert, wenn man alleine reist oder eine neue Sportart erlernen möchte.

REISECHECK

Fragen Sie interessante Leute nach Ihren Reiseerlebnissen und lassen Sie sich dadurch inspirieren. Je mehr Informationen man im Vorfeld hat, umso besser wird die Reise.

Bequem fliegen kann heute fast jeder: Die Website www.seatguru.com zeigt die Sitzpläne der meisten Airlines, sodass man früh genug den Sitz mit der meisten Beinfreiheit reservieren kann.

CITY-REISE

Nicht zu toppen: ein paar Tage New York in der Vorweihnachtszeit. Auch wenn man schon öfter da war: Es gibt Städte, die sich immer wieder neu erfinden.

NOTES

KOFFER PACKEN

Wer früh genug an sein Gepäck denkt, vergisst nichts und kommt richtig angezogen am Ziel an.

WIE PACKE ICH?

1. Fangen Sie vor Ihrem Urlaub mit einer Reiseliste an. Notieren Sie alles, was noch vor dem Urlaub erledigt werden muss, z. B. über Einreisebedingungen und Impfungen informieren, Schuhe zum Schuster bringen, Bikini kaufen etc. Schreiben Sie alles, was Sie packen wollen, auf die Liste und auch, was Sie während der Reise kaufen wollen und im Koffer wieder mit nach Hause nehmen. So vergessen Sie hoffentlich nichts und behalten einen besseren Überblick.

2. Damit die Kleider knitterfrei ankommen, lege ich feines Seidenpapier zwischen jedes Kleidungsstück. Hosen werden gerollt und Blazer in den Schultern ineinandergelegt.

3. Kulturbeutel und Make-up-Necessaire sollen nicht zu schwer werden, deshalb fülle ich alle Beautyprodukte in kleine Fläschchen, z. B. von Muji, ab.

4. Packen Sie als Erstes die schweren Sachen wie Bücher und Schuhe in den Koffer. Stopfen Sie die Hohlräume der Schuhe mit Strümpfen aus. Die Schuhe packe ich nie als Paar, sondern einzeln in Schuhsäcke, da sie so weniger Platz einnehmen. Ganz oben in den Koffer kommen die leichten Kleidungsstücke: erst Jacken, dann Hosen und zum Schluss feine Wäsche und Blusen. Vergessen Sie nicht, Ihren Koffer mit einem Namensschild zu versehen, falls er verloren geht.

5. Wenn Sie vorhaben, auf einer Reise viel zu shoppen, packen Sie Ihre Sachen in einen kleineren Koffer, den Sie wiederum in einen größeren stecken. So haben Sie für die Rückreise gleich zwei Koffer dabei. Kaufen Sie sich leichtes Reisegepäck (vor dem Kauf wiegen), sodass Sie nicht jedes Mal Übergepäck bezahlen müssen.

INTERIOR TO GO

Diese Dinge machen mein Hotelzimmer noch schöner: ein großes Stück Stoff, das ich als Überwurf für Sessel und Sofas benutze, eine Duftkerze und meine Prada-Satinpantöffelchen, die ich im Hotelzimmer nach einem langen Tag trage, um mich für den Abend vorzubereiten. So fühlen Sie sich überall fast wie zu Hause.

IM HANDGEPÄCK

DIESE DINGE SOLLTE MAN WÄHREND DER REISE IMMER SCHNELL ZUR HAND HABEN

1. Feuchtigkeits-Gesichtsspray, z. B. von Avène

2. Flasche mit Wasser, nicht zu kalt
   (erst nach dem Check-in kaufen)

3. Ohrenstöpsel

4. Augenmaske für lichtempfindliche Augen

5. Extrawarme Kaschmirsocken

6. Einen großen, weichen Pashminaschal

7. Aspirin- und Magnesium-Brausetabletten

8. Ein gutes Buch und einen Notizblock für gute Ideen

9. Blackberry, iPad, iPod (eines davon ist ausreichend)

10. Pass und Reisedokumente

11. Portemonnaie mit verschiedenen Fächern für unterschiedliche Währungen

12. Ätherisches Lavendelöl und Mückenspray

ÜBERGEPÄCK

Muss das alles wirklich mit? Reisen
Sie lieber mit weniger Gepäck, und
bringen Sie sich Dinge als Erinne-
rungsstucke zuruck, die es garantiert
nicht zu Hause gibt.

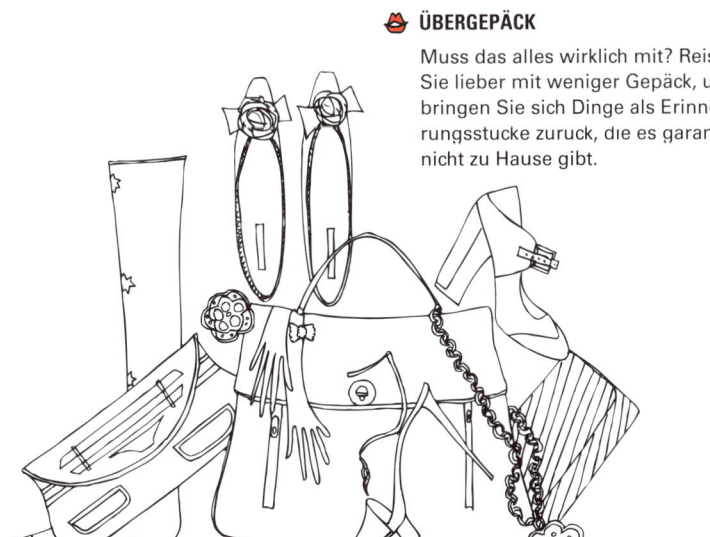

SOUVENIRS

Bringen Sie sich ein Stück Urlaub mit nach Hause, etwas Einmaliges, das Sie an eine schöne Zeit erinnert.

DAS FOTO
SOUVENIR FÜR DIE EWIGKEIT

FASZINATION: Das schönste Souvenir ist immer noch ein Foto. Manchmal gibt es Momente, die sind so einzigartig, dass sie einem Jahre später noch warm ums Herz werden lassen.

AIR MAIL
DIESE SOUVENIRS KOMMEN VOR IHNEN ZU HAUSE AN.

WILLKOMMEN: Bestellen Sie sich für den Tag Ihrer Rückkehr Blumen nach Hause. Frische Blumen machen das Einleben leichter.

HAUSPOST: Schicken Sie sich selbst jeden Tag eine Postkarte nach Hause und erleben Sie alles ein zweites Mal, wenn Sie wieder daheim sind.

DIE KLASSIKER
EIN PAAR IDEEN FÜR EIN SCHÖNES URLAUBSSOUVENIR

BESONDERE GESCHENKE:
Ich sammle das ganze Jahr über Geschenke für Freunde. Auf Reisen entdeckt man oft ganz außergewöhnliche Dinge, die genau zu dem Freund passen. Halten Sie auch Ausschau nach besondereren Verpackungen.

FERIEN-BERICHTERSTATTUNG:
Fangen Sie im Urlaub an, ein Tagebuch zu führen. So bleiben die vielen schönen Momente unvergessen. Bald haben Sie eine ganze Sammlung davon, und wer weiß: Vielleicht entsteht daraus ja mal ein Buch.

DUTY FREE:
Falls Sie etwas zu Hause vergessen haben, können Sie mittlerweile problemlos Ersatz dafür im Duty-free-Bereich kaufen. Dort findet man inzwischen beinahe alles. Wählen Sie etwas Originelles, das Sie immer an diesen Urlaub erinnern wird.

DER URLAUBSFLIRT:
Die Erinnerungen daran sind das Schönste, denn man denkt nur an die aufregendsten Momente. Der Abschied ist oft schmerzhaft, aber vielleicht wird doch noch eine große Liebe daraus.

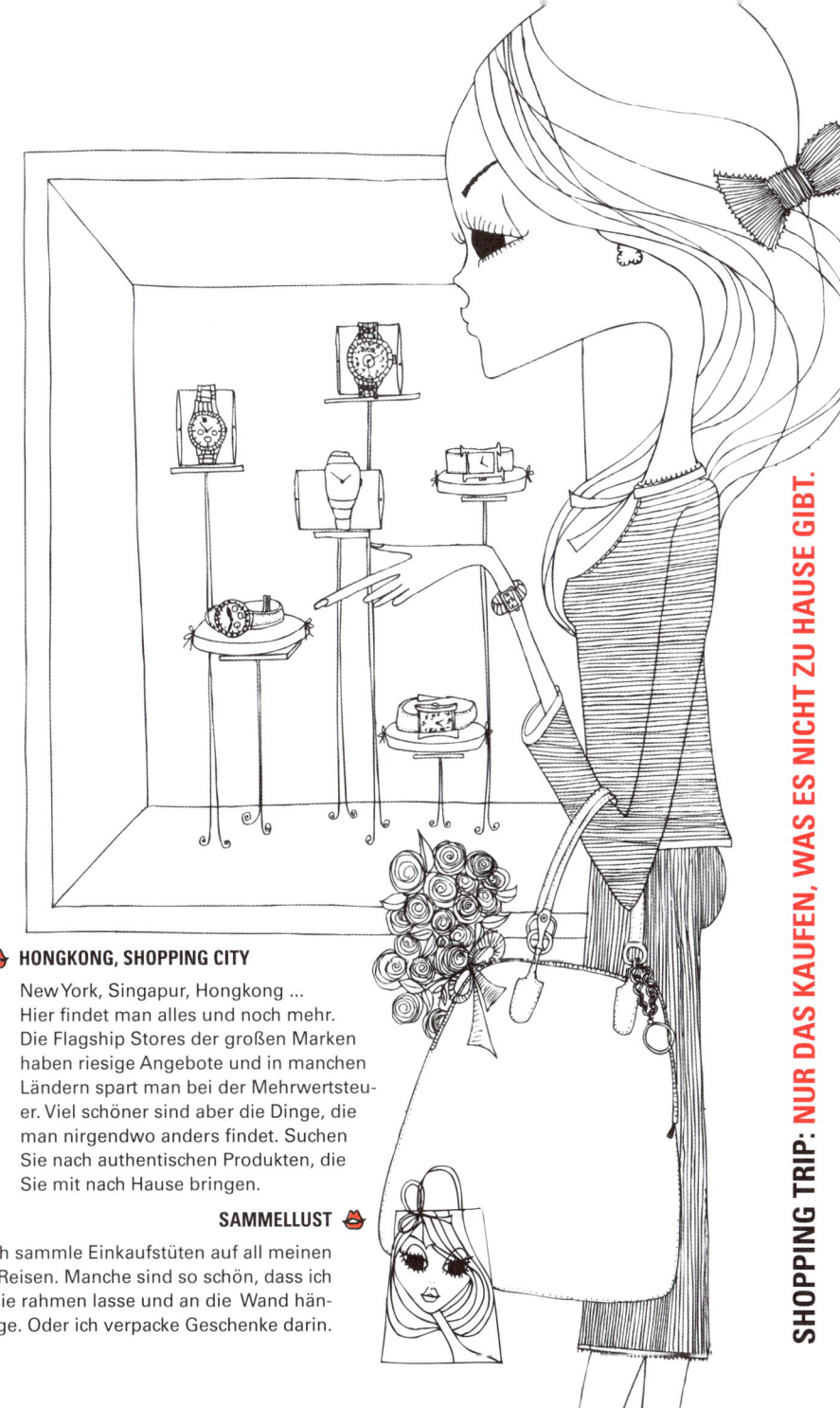

HONGKONG, SHOPPING CITY

New York, Singapur, Hongkong …
Hier findet man alles und noch mehr.
Die Flagship Stores der großen Marken
haben riesige Angebote und in manchen
Ländern spart man bei der Mehrwertsteu-
er. Viel schöner sind aber die Dinge, die
man nirgendwo anders findet. Suchen
Sie nach authentischen Produkten, die
Sie mit nach Hause bringen.

SAMMELLUST

Ich sammle Einkaufstüten auf all meinen
Reisen. Manche sind so schön, dass ich
sie rahmen lasse und an die Wand hänge. Oder ich verpacke Geschenke darin.

PASS AUF DICH AUF!

Seien Sie mutig und neugierig, aber nicht naiv und
unvorsichtig. So wird der Urlaub sicher schön.

BELESEN:

Bevor Sie in ein fremdes Land reisen, sollten Sie sich mit den
Einreisebedingungen, medizinischen Vorsorgen und Vorsichts-
maßnahmen vertraut machen. Wie ist die politische Lage?
Wo bekomme ich vor Ort Hilfe, wenn mir etwas zustößt?
Ist das Hotel in einer Gegend, in der Touristen willkommen
sind? Auf diese Fragen sollten Sie schon vor der Abreise eine
Antwort haben. Impf- und Allergiepass sollte man immer bei
sich tragen.

BRAUCH & SITTE:

Wer als Frau alleine reist, muss doppelt wachsam sein
und sich vorher erkundigen, ob die Kultur des Reiseziels
allein reisende Frauen willkommen heißt. Generell sollte
man sich unauffällig benehmen und sich anpassen, anstatt
aufzufallen. Wie kleiden sich Frauen im Reiseland? Kann
man alleine ausgehen? Worauf muss ich achten, wenn ich
jemanden kennenlerne?

WER BIN ICH?

Haben Sie immer eine Kopie Ihres Reisepasses und
eine Visitenkarte Ihres Hotels dabei. Den Reisepass
lassen Sie im Hotelsafe. Verteilen Sie Ihr Bargeld
in mehrere Taschen: Falls Ihnen etwas davon ab-
handenkommt, haben Sie immer noch Geld für ein
Taxi zurück ins Hotel. Verzichten Sie auf Schmuck
und große Handtaschen. Wenn man durch die
Straßen läuft, sind kleine Umhängetaschen ideal.

ROOM SERVICE

**Achten Sie auf folgende Punkte,
wenn Sie Ihr Zimmer buchen:**
- Liegt das Zimmer ruhig?
- Kann man das Fenster öffnen?
- Wo ist der Notausgang?
- Liegt das Zimmerfenster über
  einer Belüftungsanlage?
- Gibt es Anti-Allergie-Bettwäsche
  im Hotel?
- Ist der Concierge im Bilde über alles
  Sehenswerte der Stadt?

NACHTWACHE

Wer nachts gerne
durch die Stadt flaniert,
sollte sich gut auskennen.

1. Zu zweit ist man sicherer als
   alleine.
2. In Bars nie das Cocktailglas
   unbeaufsichtigt stehen lassen.
3. Nur dort spazieren gehen, wo
   auch andere Passanten sind.
4. Immer das Smartphone dabeihaben. Wer sich verläuft, findet
   über die Navigation zurück.
5. Die Visitenkarte des Hotels
   immer in der Jackentasche bei
   sich tragen.

NOTES

NATURFREUND

> Wer seine Freizeit gerne in der Natur verbringt,
> ist im wahrsten Sinne des Wortes ein Glückspilz.

OUTDOOR
DARUM BIN ICH GERNE DRAUSSEN.

GERÄUSCHKULISSE: Klänge der Natur wie Vogelgesang, Wind in den Bäumen und Meeresrauschen sind Geräusche, die Harmonie und Zufriedenheit in uns auslösen. Sie haben eine beruhigende Wirkung, gleichzeitig sensibilisieren sie all unsere Sinne. Wenn Ihre Wohnung in der Nähe eines Parks gelegen ist oder einen Blick ins Grüne hat, ist das optimal. Achten Sie darauf, dass Ihr Schlafzimmer möglichst ruhig ist. Hängen Sie ein Vogelhaus vor das Schlafzimmerfenster – dann werden Sie morgens auf die schönste Art geweckt. Wenn Sie in den Urlaub ans Meer fahren, buchen Sie ein Hotelzimmer mit Blick aufs Wasser, das intensiviert die Erholung.

BLUMEN & ZWEIGE: Durch ihren Duft und die Farbe versprühen frische Blumen Leben und Energie. Am liebsten sind mir Blumen, die ich selbst gepflückt habe – auch wenn sie nicht mehr ganz frisch sind. Ein Zweig – mit oder ohne grüne Blätter – sieht in einer ausgefallenen Vase schön aus und bringt ein Stück Natur in meine vier Wände. Ein karger Zweig kann im Winter durch die pure Struktur der Rinde sehr dekorativ sein.

WAS FÜR EIN HUND?
MIT EINEM HUND GEHEN SIE IMMER VOR DIE TÜR.

Wer einen Hund besitzt, hat keine Ausrede und muss einfach bei jedem Wetter vor die Tür. Ein verregneter Tag wirkt dann plötzlich gar nicht mehr so grau, und wenn das Thermometer unter null sinkt, wird einem bei einem zügigen Spaziergang an der frischen Luft bestimmt warm. Weiterer Nebeneffekt: Sie werden neue Freundschaften mit anderen Hundehaltern schließen. Wählen Sie einen Hund, der zu Ihnen und Ihrem Lebensstil passt. Klein oder groß?

DACKEL: Obwohl er klein ist, ist er ein Jagdhund, der sehr ausdauernd ist und viel Auslauf braucht.

DOGGE: Viel Raum, viel Bewegung und viel Aufsehen. Ein Hund, der auffällt.

BLUMENKIND
LEBEN SIE NATÜRLICH!

MORGENS RAUS
Nach dem Frühstück sollte man unbedingt an die frische Luft. Gehen Sie 20 Minuten spazieren oder nehmen Sie das Fahrrad in die Arbeit. Es lohnt sich!

FRISCHE KRÄUTER
Pflanzen Sie vor Ihrem Küchenfenster ein paar frische Kräuter. Sie werden sehen, mit den Kräutern schmeckt Ihr Essen besser, und es ist eine Freude zu sehen, wie alles wächst, was man gepflanzt hat.

DAS WETTER
Lassen Sie Ihre Laune nicht durch das Wetter bestimmen. Es stimmt einfach: Es gibt kein schlechtes Wetter, nur schlechte Kleidung. Investieren Sie in gute Gummistiefel und Co., sodass Sie bei jedem Wetter gerne vor die Tür gehen.

BE A WOMEN !
Wer naturverbunden ist, stärkt seine Weiblichkeit. Verfolgen Sie den Kreislauf der Natur, und seien Sie offen für die Schönheit, die überall um uns zu finden ist.

MORGENFRISCHE
An einem sonnigen Frühlingsmorgen durch die Natur spazieren und sich einen hübschen Blumenstrauß pflücken – da muss der Tag einfach schön werden.

MEIN HAUS

Ob Studio, Apartment, Häuschen oder Villa: Mein Zuhause ist der Ort, wo ich am meisten Zeit verbringe.

MEINE VIER WÄNDE

HIER GEHT ES NICHT UM GRÖSSE, SONDERN UM ANGENEHMES UND EFFIZIENTES WOHNEN. MEINE WOHNUNG MUSS ZU MIR UND MEINEM LEBENSSTIL PASSEN.

WOHN-ZIMMER

LICHT: Im Wohnzimmer muss das Licht Stimmung erzeugen. Dafür habe ich mehrere Lichtquellen, die mit Dimmern versehen sind.

KOMFORT: Bequem muss es sein; außerdem brauche ich viel Platz für meine Bücher. Wenn Gäste kommen, sitzen wir oft auf großen Kissen auf dem Boden. Wenn es mehr werden, gibt es eine Steh-Cocktailparty. Meine Bücher staple ich auf dem Boden zu hohen Türmen. Eine schöne, angenehme Wandfarbe ist mir wichtig. Auf dem Boden habe ich meine Sammlung antiker Kelims verteilt.

KÜCHE

ORDNUNG: In meiner kleinen Küche hat alles seinen Platz. Ordnung hilft beim Kochen und es geht einfach schneller.

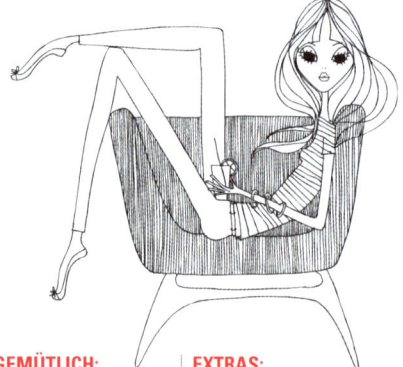

GEMÜTLICH: Ein kleiner Tisch in der Küche ist einfach gemütlich. Wer dafür keinen Platz hat, stellt ein Sideboard vor das Fenster und kann so beim Essen nach draußen schauen.

BAD

HOME SPA: In meinem Bad habe ich alles, was ich zum Entspannen brauche: ein Regal für meine Schönheitsmittel, ein Fenster mit Ausblick und sogar einen Sessel.

EXTRAS: Ein Heizstrahler über der Badewanne für ein entspanntes Bad und ein Mini-Kühlschrank zur Aufbewahrung meiner Masken, Ampullen und diverser Make-ups machen mein Bad zu einem Mini-Spa.

BÜRO

MINI-BÜRO: An sich braucht man heute kein Büro mehr: Dank Laptop, iPhone und iPad kann man auch gut vom Küchentisch aus arbeiten. Oder man verlegt sein „Büro" ins Lieblingscafé und erledigt von dort aus seine Arbeit bei gutem Service und frischen Croissants. Auch Meetings lassen sich dort organisieren, und oftmals ist es sogar inspirierender, als zu Hause alleine vor dem Computer zu sitzen. Wer dennoch in Ruhe zu Hause arbeiten muss und ein eigenes Zimmer dafür benötigt, kann es sich je nach Bedarf einrichten. Ein großer Tisch ist immer gut, und viele Schubladen, Boxen und Regale sind sinnvoll, um ein Ordnungssystem zu schaffen. Das Zimmer sollte auf jeden Fall hell sein und wenn möglich einen schönen Blick haben.

MEIN STIL

Schaffen Sie sich mit Ihrem Zuhause einen Ort, der Sie immer wieder neu inspiriert, Sie erdet und Ihren persönlichen Stil widerspiegelt. Räumen Sie ab und zu die Möbel um, ändern Sie die Zimmeraufteilung, und gönnen Sie sich hin und wieder etwas Hübsches, das frischen Wind in Ihre vier Wände bringt, z. B. ein buntes Kissen oder eine Lampe. Sammeln Sie schöne Objekte, die zu Ihnen passen und Ihrer Wohnung etwas Besonderes verleihen. Ich ändere öfters meine Wandfarbe. Bei der Farbwahl lasse ich mich von Museen, Shops und Bars inspirieren. Mit einer neuen Farbe haben Sie sofort das Gefühl der Veränderung.

MEINE SACHEN

Es gibt Möbel, die sind notwendig. Andere findet man einfach nur schön. Und dann gibt es eine Menge Dinge, die man an sich gar nicht braucht.

DAS WESENTLICHE:

Denken Sie an eine Klosterzelle, und Sie wissen sofort, was wirklich notwendig ist: ein Tisch, Stühle, ein Bett und ein paar ganz persönliche Dinge.

STAURAUM:

Für mich ist das der wichtigste Platz in meinem Apartment. Bei der Wohnungswahl sollte man immer darauf achten, dass genügend Stauraum für alles, was man nicht immer braucht, vorhanden ist. Nur so kann man Unordnung vermeiden.

FARBEN:

In meiner kleinen Wohnung ändere ich öfters zum Jahreszeitenwechsel die Farben. Dann habe ich gleich das Gefühl, neu zu wohnen. Im Winter neige ich zu warmen, dunklen Tönen und im Frühjahr sind mir frische, verblichene Volltonfarben am liebsten.

ZIMMER MIT AUSSICHT:

Ich wohne auf kleinem Raum, aber ich habe dort alles, was ich brauche. Meine Wohnung hat viele große Fenster, die viel Licht hereinlassen, mit Blick auf den Park. Somit wirken meine Zimmer größer, als sie sind.

PERSÖNLICHES:

Ich habe nicht viele Möbel – hier ist mir Qualität wichtiger als Quantität. Dafür umgebe ich mich mit vielen persönlichen Dingen: Meine Bücher sind wie eine Zeitreise in mein vergangenes Leben, ich sammle Kunst, Fotografien und Zeichnungen sowie Objekte aus aller Welt, mit denen ich mich wohlfühle und die ich immer wieder gerne ansehe. Das alles gibt mir ein Gefühl von Geborgenheit und macht meine vier Wände zu meinem Zuhause.

MEINE SIEBEN SACHEN

GROSSER TISCH: Zum Essen und Arbeiten oder zum Ausbreiten meiner Kunstbücher. Der Tisch muss groß sein, sodass alle meine Freunde Platz haben, wenn ich sie bekoche.

GROSSES BETT: Mein Bett ist groß und von sehr guter Qualität, damit ich immer gut schlafe. Ein Gästebett besitze ich nicht, denn bei mir übernachten nur Gäste, die mir so vertraut sind, dass Sie gerne mein Bett mit mir teilen dürfen.

STÜHLE: Ich sammle Stühle, da ich mich nicht für ein einziges Modell entscheiden kann. Ich benutze sie als Ablagen, Regale und Nachttisch.

DINGE, DIE ICH NICHT MEHR BRAUCHE

_____

_____

_____

_____

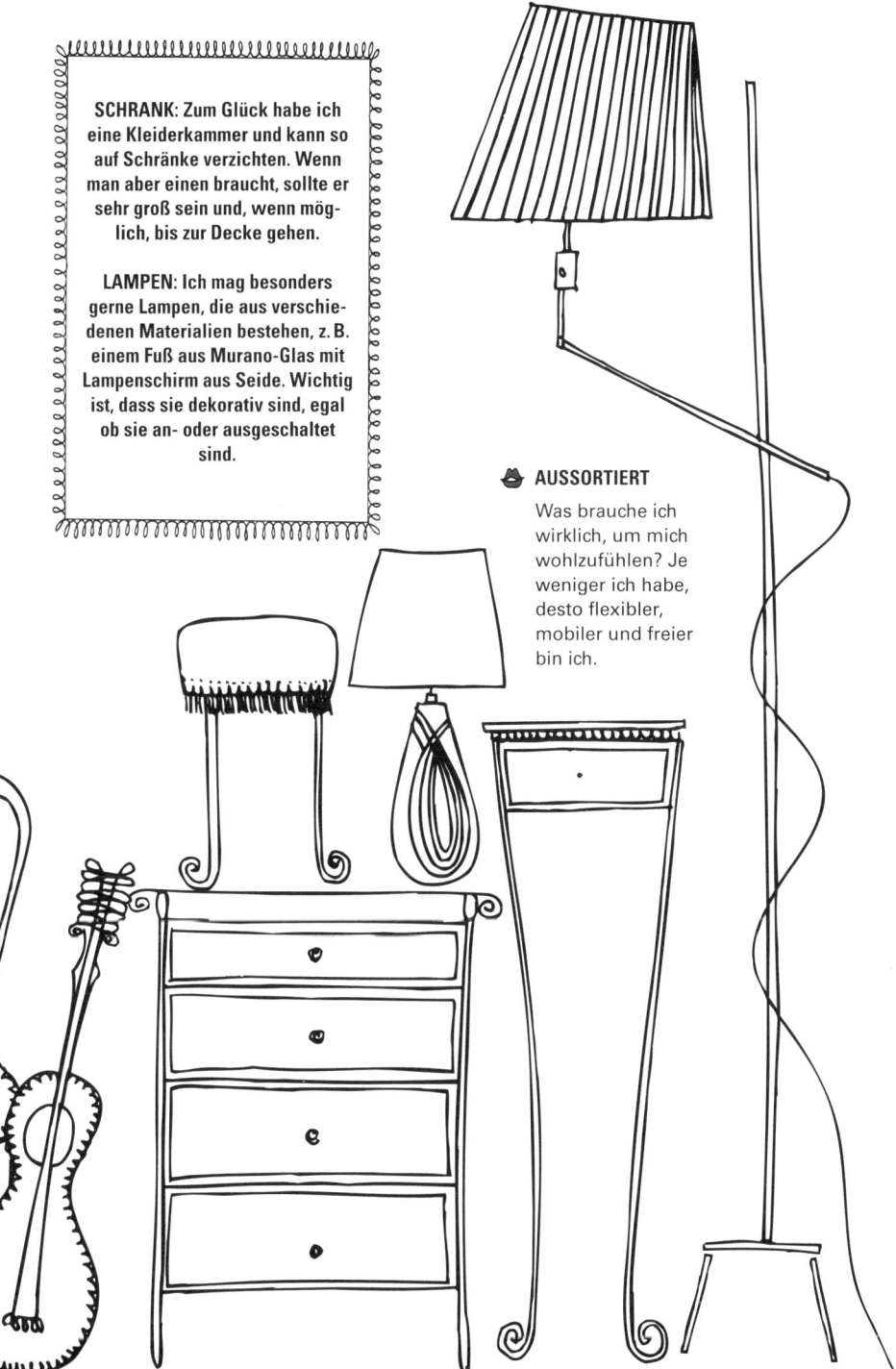

SCHRANK: Zum Glück habe ich eine Kleiderkammer und kann so auf Schränke verzichten. Wenn man aber einen braucht, sollte er sehr groß sein und, wenn möglich, bis zur Decke gehen.

LAMPEN: Ich mag besonders gerne Lampen, die aus verschiedenen Materialien bestehen, z. B. einem Fuß aus Murano-Glas mit Lampenschirm aus Seide. Wichtig ist, dass sie dekorativ sind, egal ob sie an- oder ausgeschaltet sind.

💋 AUSSORTIERT

Was brauche ich wirklich, um mich wohlzufühlen? Je weniger ich habe, desto flexibler, mobiler und freier bin ich.

REIN & FEIN

> **Wer bewusst schön lebt, sollte seine Umwelt hegen und pflegen – seine Stadt, sein Viertel und natürlich auch sein eigenes Reich.**

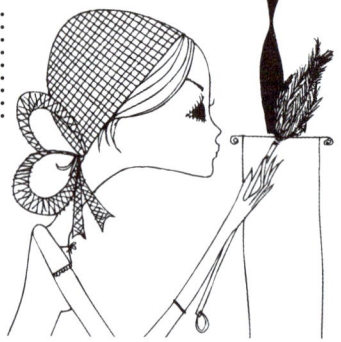

ALLES TIPPTOPP

WER AUF SICH ACHTET, ACHTET AUCH AUF SEINE UMWELT. DAS IST EIN GUTES GEFÜHL.

GRÜNFLÄCHE: Vor meiner Haustür haben Anwohner direkt am Bürgersteig ein kleines Beet angelegt. Ab und zu sehe ich sie mit Gießkannen über die Straße gehen, um ihre Blumen zu pflegen. Hut ab! Das ist eine schöne Beschäftigung und sie tun etwas Gutes für die Umwelt.

CHIC RECYCELT: Beim Einkaufen habe ich immer meine Shopping Bag aus Jute dabei (www.irmas-world.com). Obst und Gemüse packe ich direkt in die Tasche. Zu Hause vermeide ich Klarsichtfolie und Plastikbehälter und bewahre alles in Porzellanbehältern auf – das sieht auch hübscher aus. Vieles im Haushalt kann man wiederverwenden: Altes Zeitungspapier eignet sich hervorragend zum Ausstopfen von feuchten Schuhen; aus alten Tüchern und Bettlaken kann man Putzlappen machen; und Gemüse kann man in feuchte Leintücher wickeln, um es im Kühlschrank frisch zu halten.

UNGEWOLLTE MITBEWOHNER: Mäuse vertreibt man einfach, indem man ein Stück Karton mit ein paar Tropfen reinem Pfefferminzöl beträufelt und dieses in den Raum legt, wo man sie vermutet. Lästige Mücken wird man los, indem man eine aufgeschnittene Zitrone mit Nelken spickt und auf einen Teller ans Fenster stellt. Ameisen können gar nicht erst ins Haus, wenn man vor Türen, Fensterbänke und sonstige Ritzen einen dicken weißen Kreidestrich zieht: Darüber können sie nicht krabbeln. Wer seine Vorratskammer allgemein vor Schädlingen schützen möchte, legt auf jedes Regal oder in jede Schublade ein Lorbeerblatt.

DAS RIECHT NICHT GUT: Üble Gerüche, z. B. kalter Zigarettenrauch nach einer Party, lassen sich mit einem Teller Essigwasser über Nacht beseitigen. Wenn der Backofen nach verbranntem Essen riecht, kann man eine feuerfeste Form mit Zitronen- und Orangenschalen füllen und diese kurz im Ofen erhitzen.

PUTZMITTEL: Es gibt nur zwei Putzmittel, die Sie wirklich benötigen, um alles in Ihrem Haushalt mit natürlichen Substanzen zu reinigen: Haushaltsessig für Böden, Bad und Küche und reines Bienenwachs für Holzoberflächen.

GUT FÜR DIE UMWELT: Wo es geht, fahre ich mit dem Fahrrad. In fast allen Metropolen kann man sich inzwischen im Stadtzentrum stundenweise Fahrräder ausleihen. Wenn ich mich nicht auskenne, hilft mir mein iPhone weiter. So bewege ich mich an der frischen Luft und komme schnell und günstig an mein Ziel. Achtung: Sonnenschutz nicht vergessen!

🔺 AUFMERKSAMKEIT

Wenn es meiner
Umwelt gut geht,
geht es mir auch gut.
Der Katze Curtis,
die mir zugelaufen
ist, gebe ich frische
Milch und ein Zu-
hause.

GENUSS & ESSEN

ABWECHSLUNG

Essen Sie jeden Tag etwas anderes. Vermeiden Sie Gewohnheiten und probieren Sie alles.

FRÜH-STÜCK

HELLWACH: Die erste Mahlzeit nach der langen Ruhepause der Nacht sollte voller nahrhafter Zutaten sein, damit man den Tag in Angriff nehmen kann. Vermeiden Sie morgens Kaffee, und trinken Sie stattdessen Grünen oder Kräutertees, die zu Ihrer Verfassung an diesem Tag passen, z. B. Himbeerblatt-Tee während der Periode, Grünen Tee, um den Stoffwechsel anzuregen, und Goji- oder Heidelbeertee bei einem schwachen Immunsystem.

IRMAS FRÜHSTÜCK:
In Reismilch gekochter Reisflocken-Porridge mit einer Prise Zimt. Dazu geröstete Mandeln, einen geraspelten Apfel und einen TL Leinöl oder eine Scheibe Vollkorntoast mit etwas Butter und selbst gemachter Himbeermarmelade.

LUNCH

NEUE ENERGIE: Beim Mittagessen geht es darum, sich zu entspannen, um die zweite Tageshälfte in Angriff nehmen zu können. Essen Sie nie an Ihrem Arbeitsplatz, sondern verabreden Sie sich zum Lunch oder essen Sie alleine in Ihrem Lieblingscafé oder im Park an der frischen Luft. Wichtig ist, dass Sie danach noch ein bisschen spazieren gehen und ausgeruht vom Lunch zurückkommen. Planen Sie rechtzeitig und genießen Sie diese Zeit.

LEICHT & ETWAS SÜSSES:
Ein Salat mit Thunfisch, Sardinen auf gegrilltem Fenchel oder Caesar Salad sind leicht und geben Energie. Das Dessert darf nicht fehlen – eine kleine Süßigkeit und eine Tasse Tee, oder einem starken Espresso.

DINNER

GESELLIGKEIT: Abends hat man Zeit, um zu Hause in Ruhe zu kochen oder sich mit Freunden im Restaurant verwöhnen zu lassen. Hier achte ich auf besonders gute Zutaten und benutze gerne außergewöhnliche Gewürze oder probiere neue Rezepte aus. Wenn mir gar nichts einfällt, blättere ich in Kochbüchern oder sehe mir die Menüs meiner Lieblingsrestaurants im Internet an. Das inspiriert garantiert.

DIGESTIV:
Ein Tee aus frischer Pfefferminze oder ein mit dunkler Schokolade überzogener Minztaler ist der perfekte Abschluss für ein Abendmahl.

GANZ EINFACH

Ich esse dreimal am Tag, lasse nie eine Mahlzeit ausfallen und genieße ganz bewusst, wenn ich mit Freunden oder auch alleine esse. Zwischen den Mahlzeiten brauche ich keine Snacks – höchstens mal einen frischen Saft zwischendurch oder einen Chai Tee im Winter.

MENÜ-PLAN

Legen Sie Ihre eigenen Ernährungsregeln fest. Dabei müssen Sie auf eine ausgewogene Ernährung achten – es darf Ihnen an nichts fehlen. So dürfen Sie alles genießen, es ist nur eine Frage des richtigen Zeitpunkts.

IRMAS REGELN:

MORGENS: Gute Kohlenhydrate
MITTAGS: Fisch oder Fleisch mit Salat
ABENDS: Pasta oder Reis mit Gemüse
FRÜCHTE esse ich separat. Wenn ich koche, benutze ich hochwertige Öle, Ghee und frische Kräuter und Gewürze. Dadurch schmeckt alles noch besser.

HOT

MEIN KÖRPER

MIR GEHT ES GUT!
WENN ES EINEM GUTGEHT, MÖCHTE MAN IMMER AN DIESEM GEFÜHL FESTHALTEN.

AUFGEPASST! Vereinfachen Sie Ihr Leben und bringen Sie eine Struktur in Ihren Tagesablauf, die Ihnen dabei hilft, gesund und fit zu bleiben. Erlauben Sie sich alles – aber alles in Maßen – und bauen Sie viel Bewegung in den Alltag ein. Sie werden sehen: Wenn es Ihnen gutgeht, läuft alles besser und einfacher. Achten Sie auf die Signale, die Ihnen Ihr Körper sendet: Schlafen Sie, wenn Sie müde sind, arbeiten Sie weniger, wenn eine Erkältung im Anmarsch ist, und essen Sie weniger, wenn Sie mal zu viel geschlemmt haben.

DIE SÜNDEN: Evaluieren Sie Ihre Laster. Das eine oder andere dürfen Sie behalten, damit Ihr Leben lebenswert bleibt – aber eben in Maßen. Wenn es zu viele Laster sind, sollte man sich von dem einen oder anderen verabschieden. Bewusster Genuss geht über alles.

ERNÄHRUNG: Essen Sie einfach und probieren Sie alles. Die Zusammenstellung Ihres Menüs ist wichtig. Denken Sie an verschiedene Kulturen und Rituale. Warum gibt es bestimmte Festtage? Oder Fastenzeiten?

KRÄUTER
haben eine heilende Wirkung – nutzen Sie sie!

ANIS: Regt den Appetit an und mildert Bauchschmerzen
BOHNENKRAUT: Wirksam gegen unreine Haut
DILL: Hilft gegen Husten und Kopfschmerzen
HOLUNDERBLÜTEN: Wirken gegen starken Husten
KAMILLE: Entkrampfend und gegen Blähungen, gut für Niere und Blase
LAVENDELBLÜTEN: Helfen bei Einschlafstörungen
LORBEER: Bewirkt eine bessere Durchblutung der Haut

ÖLE: Wenn sie hochwertig sind, sind sie wie natürliche Medizin. Sie sollten unterschiedliche Öle von bester Qualität für die Zubereitung Ihrer Nahrung wählen. Vorsicht! Manche Öle, z. B. Olivenöl oder Sesamöl, dürfen nicht zu heiß erhitzt werden. Andere Öle eignen sich auch gut für äußerliche Anwendungen, z. B. Avocadoöl gegen trockene Haut im Winter oder Weizenkeimöl für eine Nackenmassage.

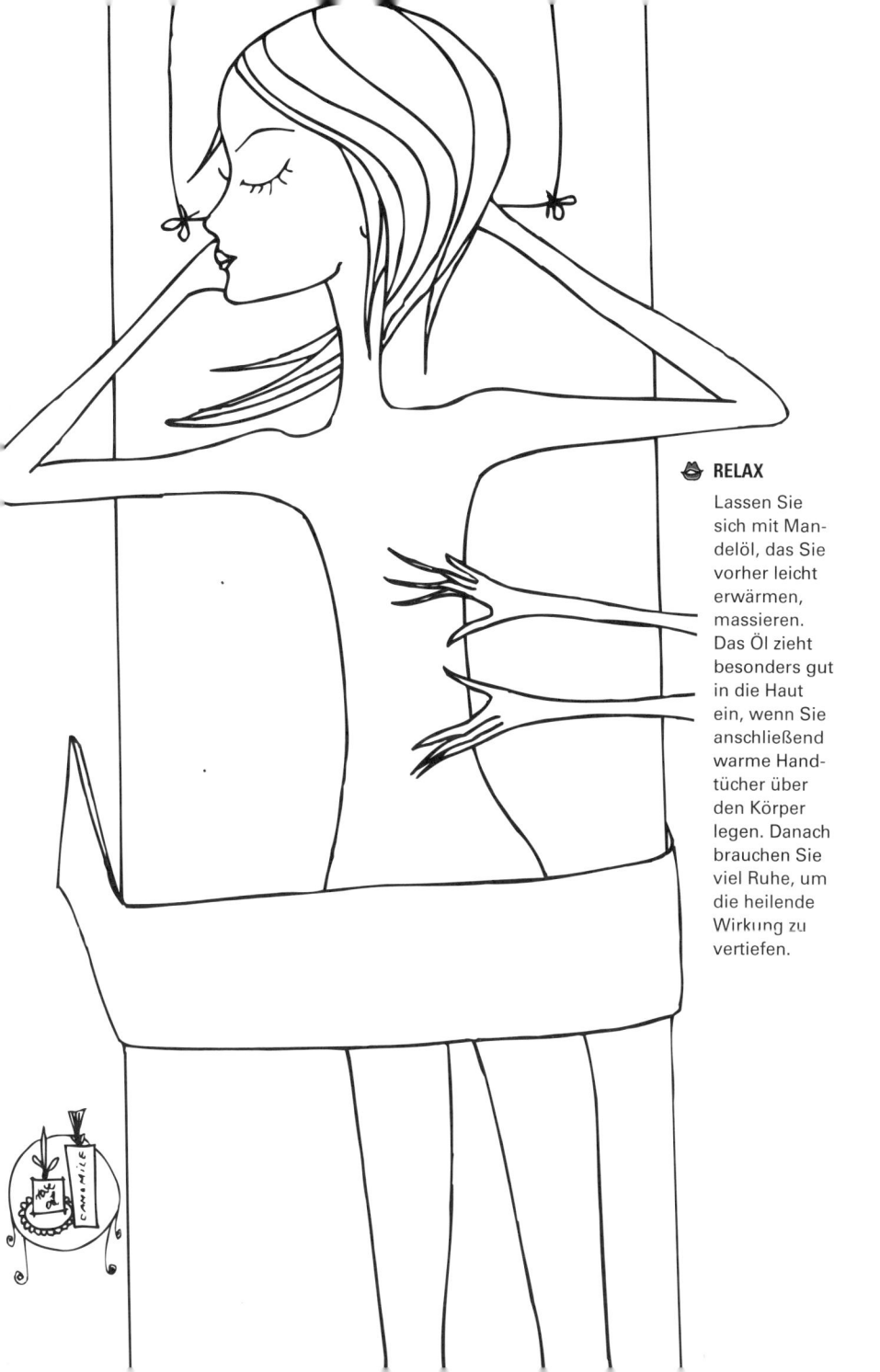

🫦 RELAX

Lassen Sie
sich mit Man-
delöl, das Sie
vorher leicht
erwärmen,
massieren.
Das Öl zieht
besonders gut
in die Haut
ein, wenn Sie
anschließend
warme Hand-
tücher über
den Körper
legen. Danach
brauchen Sie
viel Ruhe, um
die heilende
Wirkung zu
vertiefen.

PARTY

GÄSTELISTE
ICH LADE NUR GUTE FREUNDE EIN.

HAUSPARTY: Für eine gute Party braucht man vor allem eine illustre Gesellschaft, köstliches Essen, unterschiedliche Getränke und Cocktails und den besten DJ. Wichtig ist die Gästeliste: Passen die Gäste zusammen, kennen sie sich schon oder nicht? Scheuen Sie sich nicht davor, Freunde mit vermeindlich unterschiedlichen Interessen einzuladen.

HAUSBAR: Eine gut sortierte Hausbar ist perfekt für eine spontane Party. Benutzen Sie Ihre Badewanne als Cooler für die Getränke und Champagnerflaschen, indem Sie sie halbvoll mit Eis füllen. Wer eine Cocktailparty organisiert, muss kein großes Menü planen, das erwartet niemand. Wichtiger sind köstliche Knabbereien, wie karamellisierte Nüsse, Cracker und Oliven.

MÖBEL UND CO.: Verwandeln Sie Ihre Wohnung für eine Party in einen Club. Gibt es gemütliche Ecken, genügend Sitzmöglichkeiten und viele kleine Tische, auf denen die Gäste ihre Drinks abstellen können? Je besser Sie vorbereitet sind, umso wohler werden sich die Gäste fühlen und Ihre Wohnung ohne bleibenden Schaden hinterlassen.

FACHMANN: Nutzen Sie das Fachwissen in Ihrer Umgebung. Ihr Metzger weiß, wie groß der Braten für die Anzahl der Gäste sein muss. Der Blumenverkäufer hat vielleicht einen Tipp für die Deko und in Ihrer Lieblingsbar können Sie dem Barkeeper über die Schulter schauen. Ich lasse mich auch von Restaurants inspirieren, die ich auf meinen Reisen besuche. Manchmal nehme ich als Andenken die Menükarte mit, das inspiriert mich beim Kochen.

DANKESCHÖN: Wer sich besonders viel Mühe gemacht hat, eine Party zu organisieren, sollte auch ein kleines Dankeschön dafür erhalten – darüber freut sich jeder. Ich schicke dem Gastgeber am nächsten Tag eine Schachtel Konfekt oder einen Blumenstrauß nach Hause.

DER GAST IST KÖNIG

OHNE VIEL ARBEIT KANN MAN SEINE GÄSTE VERWÖHNEN UND SICH SELBST AMÜSIEREN.

LUNCH-TIME

Lunch-Partys sind herrlich, sie geben dem Tag eine gewisse Leichtigkeit.

MEIN LIEBLINGS-COCKTAIL AM TAG: SIGNATURE VALENTINO

Dafür braucht man: eine Espressotasse frisch pürierter Erdbeeren und einen Spritzer Granatapfelsaft. In einem Shaker mit Eis schütteln und in ein Champagnerglas geben. Mit Champagner auffüllen.

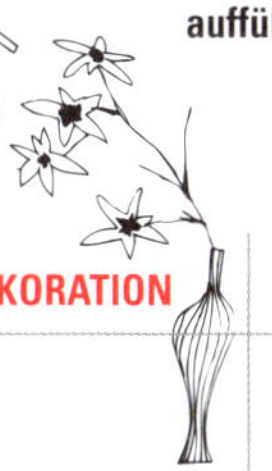

UNTERHALTUNG

Gute Musik ist essenziell. Ein professioneller DJ greift die Stimmung der Gäste auf und kann diese mit der Musikauswahl positiv beeinflussen. Eine Playlist mit Ihren Lieblingstiteln kann aber ebenso für gute Stimmung sorgen. Oder vielleicht gibt es jemand in Ihrem Freundeskreis, der ein Instrument spielt?

ESSEN & TRINKEN

Die Party-Vorbereitung sollte Ihnen Spaß machen – egal, ob Sie selbst ein aufwendiges Essen kochen oder Ihre Gäste bitten, eine Ihrer Lieblingsspeisen mitzubringen. Vielleicht gönnen Sie sich aber auch einen professionellen Koch? (Ein schönes Geburtstagsgeschenk!)

GENUSS

Damit sie in Erinnerung bleibt, braucht jede Party einen kulinarischen Knaller. Das kann eine köstliche Torte, ein ungewöhnlicher Cocktail oder ein großer Topf Risotto Milanese zu später Stunde sein ... und die Party geht weiter.

DEKORATION

Die Deko kann ein Motto haben oder einfach nur Ihren Stil widerspiegeln. Durch einen Dresscode können die Gäste auch Teil des Konzepts werden. Schöne Blumen und ein hübsch gedeckter Tisch sind immer ein Genuss für das Auge.

GESCHENK

Überraschen Sie Ihre Gäste mit einem kleinen persönlichen Geschenk, z. B. einen Frühstücksmuffin für den Morgen danach.

EINKAUFEN

EINKAUFSLISTE:

Wenn man seine Lebensmittel bewusst auswählt, hat man weniger Arbeit beim Kochen. Bleiben Sie Purist, wenn es darum geht, eine Mahlzeit zusammenzustellen, und achten Sie auf eine gute Qualität, dann enthalten die Lebensmittel auch mehr Nährstoffe. Außerdem schmecken sie einfach besser.

FOOD DIARY:

Schreiben Sie auf, was Sie wann gegessen, gekocht und eingekauft haben. Seien Sie neugierig und probieren Sie immer wieder neue Dinge aus. Wenn es z. B. eine neue Abteilung mit exotischen Lebensmitteln in Ihrem Supermarkt gibt, fragen Sie einen Verkäufer nach Kochideen.

👄 DER KLEINE LADEN

Man muss auch die kleinen Geschäfte in der Nachbarschaft unterstützen. Sie verleihen dem Viertel eine besondere Atmosphäre. Oft kann man dort Dinge kaufen, die es nirgendwo anders gibt.

RECYCLING:

Gehen Sie mit Ihrem eigenen Einkaufskorb zum Einkaufen und nehmen Sie sich recycelbare Papiertüten von zu Hause mit, um Obst und Gemüse zu verpacken. Ein Leinensack eignet sich hervorragend, um Brot zu transportieren. Bald wird es sowieso aus Umweltgründen verpackungsfreie Supermärkte geben.

👄 SICH ETWAS GUTES TUN

Ein guter Bauernmarkt ist gleichzeitig ein Ort, der einfach glücklich macht!

WAS KAUFE ICH HEUTE EIN?

WER BEWUSST EINKAUFT, TUT SICH WAS GUTES.

SLOW FOOD: Diese Bewegung steht für bewussten Genuss und zeichnet Lebensmittel aus, die auf traditionelle und ursprüngliche Weise hergestellt werden. Dabei wird sehr viel Wert auf Regionalität gelegt. Das wiederum ist gut für den wirtschaftlichen Kreislauf in der Gegend, in der man lebt.

SAISONBEWUSST: Kaufen Sie nur Obst und Gemüse, das gerade Saison hat. Alles andere wird meist mit dem Schiff oder Flugzeug in unreifem Zustand transportiert und reift leider nicht in der Sonne, sondern in der dunklen Obstkiste. Außerdem hat die Natur unseren Speiseplan schon auf ideale Weise zusammengestellt, dass man sich passend zur Saison ernährt, um z. B. im Herbst sein Immunsystem zu stärken und im Frühjahr zu entschlacken.

WOCHENMARKT: Wem der Supermarkt mit dem grellen Licht und den überfüllten Regalen zu uninspirierend ist, der kauft auf einem Bauernmarkt an der frischen Luft ein. Besonders schön ist es, wenn man ein bisschen Zeit hat, um vor Ort noch etwas zu probieren und die Atmosphäre zu genießen. Das macht Spaß und belebt die Sinne.

SERVICE

WAS KANN IHR SUPERMARKT? SUCHEN SIE SICH EINEN SUPERMARKT IN IHRER STADT, DER MÖGLICHST VIELE DIESER KRITERIEN ERFÜLLT.

BESTELLSERVICE: Sie bestellen und haben die Ware am gleichen Tag.
GUTE PRODUKTPLATZIERUNG: Man findet sich gut zurecht, das Layout des Marktes ist übersichtlich gestaltet.
WARENANGEBOT: Man findet immer wieder neue Produkte von verschiedenen Marken.
TRENDORIENTIERT: Das Geschäft ist offen für internationale Einflüsse.
JAHRESZEITEN: Die Frischeabteilung hat Obst und Gemüse nach den Jahreszeiten.
DELI-BEREICH: Hier kann man frisch hergestellte Fertiggerichte von guter Qualität kaufen.
GUTE BIOABTEILUNG: Hier sollten auch Spezialprodukte und Nahrungsergänzungsmittel angeboten werden.
CAFÉ MIT EIGENER BÄCKEREI: In schönem Ambiente mit hausgemachten Backwaren entspannen.
REGIONALE PRODUKTE: Man findet Produkte von kleinen Bauern aus der Umgebung.
KUNDENKONTAKT: Sie werden regelmäßig über Neuheiten informiert, es gibt einen Newsletter mit Kochanregungen und Angeboten. Der Biomarkt www.echt-bio.de erfüllt viele der oben genannten Punkte. Auf der Homepage findet man gute Rezepte, Sonderangebote und News über interessante Produkte.

MEINE EINKAUFSLISTE

NOTES

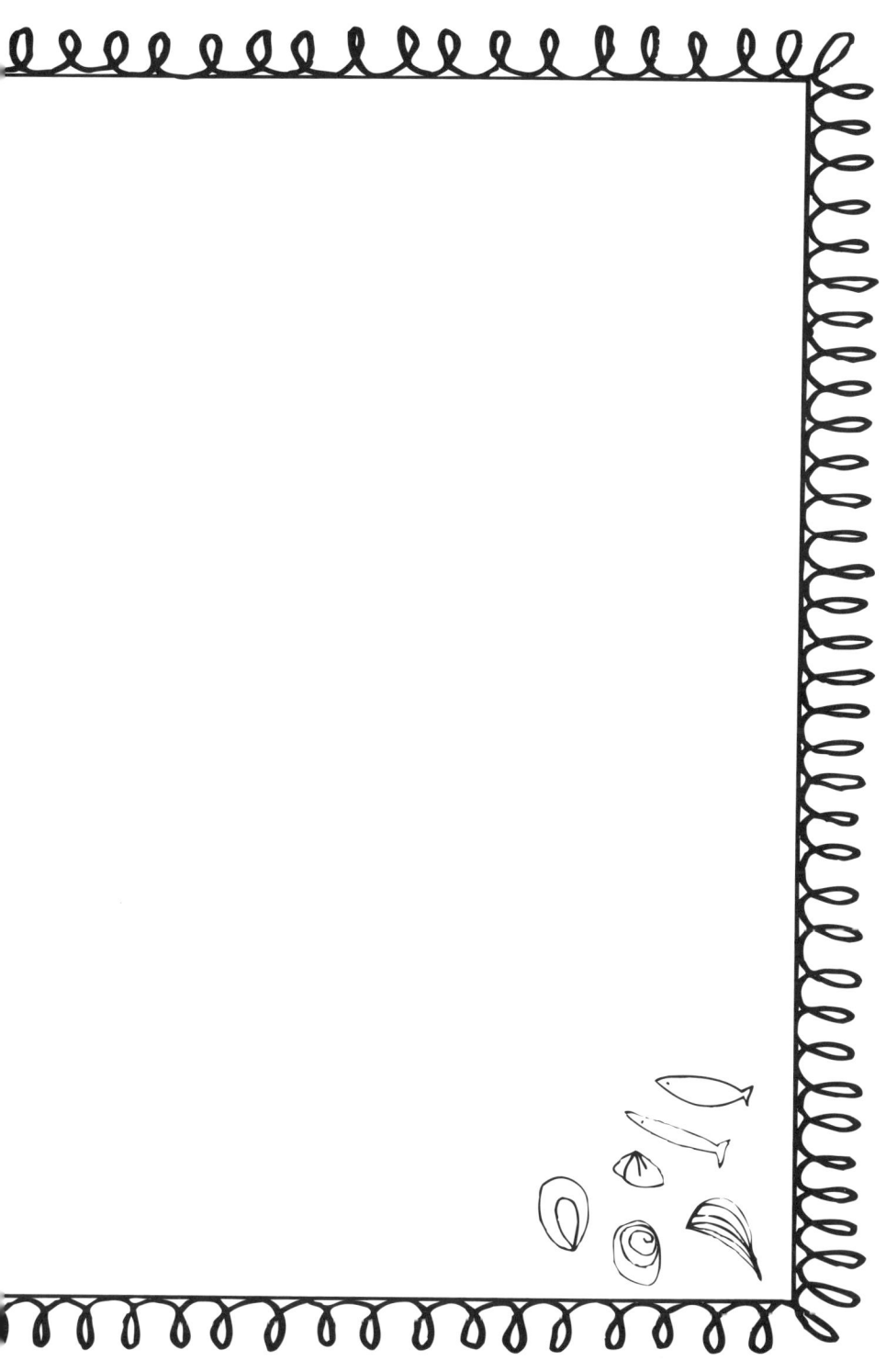

SPORT

Es ist ganz einfach: Wer sich viel bewegt, fühlt sich besser. Integrieren Sie, wo es geht, Sport in Ihren Alltag.

WOCHENPLAN

Jeden Tag sollten Sie sich mindestens 30 Minuten sportlich betätigen. Machen Sie das, was Ihnen Spaß macht, und jeden Tag etwas anderes.

MONTAG ....

DIENSTAG ....

MITTWOCH ....

DONNERSTAG ....

FREITAG ....

SAMSTAG ....

SONNTAG ....

SPORTTASCHE

Diese Dinge habe ich zu Hause und auf Reisen bei mir, damit ich jederzeit loslegen kann.
- gute Laufschuhe
- schwarze Leggings mit Elastananteil
- lange, schmal geschnittene T-Shirts
- Kapuzenjacke
- Sportstrümpfe von Falke
- Yogamatte
- Schwimmbrille
- Badeanzug
- Badehaube
- Pulsmesser

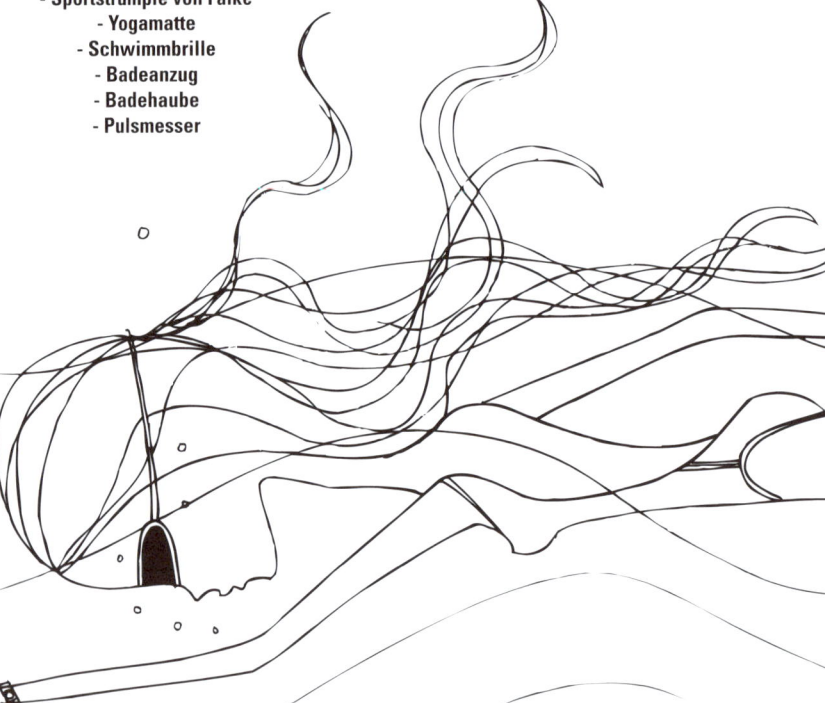

SPORT**PROGRAMM**

BEWEGUNG IST GESUND, MAN FÜHLT SICH FIT UND HAT MEHR VOM LEBEN.

HAUPTSACHE BEWEGUNG:

Sie müssen nicht gleich einem Fitnessstudio beitreten oder einer festen Yogagruppe angehören – Sie sollten einfach während des Tages möglichst viel in Bewegung bleiben. Fahren Sie mit dem Fahrrad zur Arbeit und benutzen Sie wo es geht die Treppen, nicht den Aufzug. Im Garten arbeiten oder den Kleiderschrank aufräumen zählt auch als sportliche Betätigung. Wichtig ist, dass Sie dabei Ihre Muskelgruppen anspannen und ab und zu aus der Puste kommen.

DEM KÖRPER GUTES TUN:

Stellen Sie sich vor, wie viel mehr Sauerstoff in Ihren Körper gelangt, wenn Sie Sport machen, und wie gut es für Ihren Geist und Ihre Seele ist. So geben Sie Krankheitserregern keine Chance, bei Ihnen zu verweilen, und bleiben lange fit und gesund.

LIEBER LAUFEN STATT DIÄT:

Wer sich ausreichend bewegt, muss nicht darauf achten, was und wie viel er isst. Essen Sie, worauf Sie Lust haben, genießen Sie es, Ihrem Körper Gutes zu tun, und machen Sie lieber einen langen Spaziergang, als eine Mahlzeit auszulassen.

WENIGER STRESS UND GUTE LAUNE:

Wussten Sie, dass ein zügiger Spaziergang an der frischen Luft Ihre Stimmung aufhellen kann und Ihnen dabei hilft, Stress abzubauen? Besonders im Winter mache ich lieber in den hellen Tagesstunden einen Spaziergang, als abends bei Kunstlicht im Fitnessstudio Sport zu treiben. Durch das Tageslicht produziert der Körper Vitamin D, das besonders im Winter für unsere Gesundheit wichtig ist!

SCHRITTZÄHLER:

Probieren Sie mal einen Schrittzähler aus. Einfach am Hosenbund befestigt, zählt er Ihre Schritte und „übersetzt" sie in gelaufene Meter. Am Abend werden Sie überrascht sein, wie viel zusammengekommen ist. Schon mit 1000 Metern mehr am Tag verbrauchen Sie in der Woche zusätzliche 500 Kalorien.

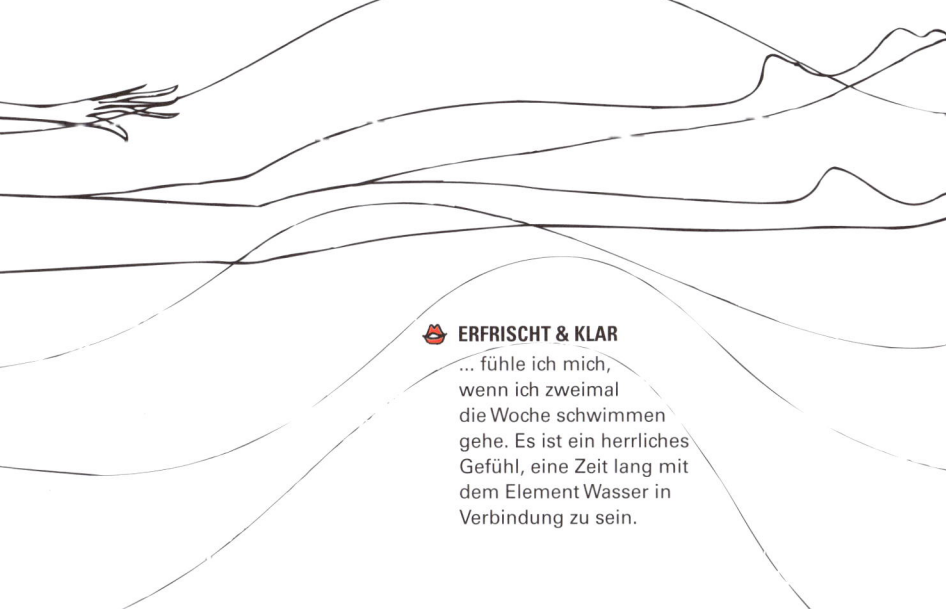

🔴 ERFRISCHT & KLAR

... fühle ich mich, wenn ich zweimal die Woche schwimmen gehe. Es ist ein herrliches Gefühl, eine Zeit lang mit dem Element Wasser in Verbindung zu sein.

HAUSMEDIZIN

Viele Lebensmittel haben eine heilende Wirkung. Stellen Sie sich Ihre eigene „Hausapotheke" zusammen, damit Sie lange gesund bleiben.

ICH ESSE MICH GESUND

ESSEN SIE DIESE NAHRUNGSMITTEL ENTWEDER ROH ODER TRINKEN SIE SIE ALS TEE.

BANANEN

Mit dem hohen Gehalt an Kalium und Vitamin B_6 helfen sie gegen Angespanntheit und Nervosität vor der Periode. Bananen wirken sich positiv auf unseren Serotoninspiegel aus, was gut gegen Stress und Unkonzentriertheit ist. In den 1960er-Jahren machten die Models von Christian Dior vor den Shows eine Bananendiät: Täglich aßen sie fünf kleine und drei große Bananen mit etwas Milch. Sie behaupteten, dass Sie dabei keine Hungergefühle hatten.

GRÜNES BLATTGEMÜSE & KRÄUTER

essen Sie am besten als Rohkost, da Chlorophyll (enthalten in allem grünen Gemüse) extrem hitzeempfindlich ist. Es hilft den Zellen, sich zu reinigen und neu aufzubauen, stärkt die Leber bei ihrer Entgiftungsarbeit, reinigt das Verdauungssystem und unterstützt die gesunde Darmflora, neben vielen weiteren positiven Eigenschaften.

SONNENBLUMENKERNE, SESAM- & OLIVENÖL

haben eine cholesterinsenkende Wirkung. Vermutlich hemmen sie die Aufnahme von Cholesterin im Darm.

GURKE, KÜRBIS, MELONE & ZUCCHINI

reinigen die Haut und sind Faltenglätter. Insbesondere Zucchini stärken das Immunsystem.

DER APFEL

ist eine Mini-Hausapotheke. Morgens wirkt er anregend, und abends, ganz langsam gegessen, wirkt er entspannend und sorgt für einen geruhsamen Schlaf.

FENCHEL, KAROTTE & SELLERIE

wirken sich positiv auf die Durchblutung der Schleimhäute im Verdauungstrakt und in den Atmungsorganen aus. Ein Fencheltee erleichtert bei einer Bronchitis oder einer Erkältung die Atmung. Karotten sind gut gegen Frühjahrsmüdigkeit, wenn man sie roh mit ein paar Tropfen Olivenöl isst.

WEINTRAUBEN

Durch den hohen Kaliumgehalt und vielen verschiedenen Fruchtsäuren bringen Trauben den Säure-Basen- und Wasserhaushalt des Körpers ins Gleichgewicht.

AVOCADO

hat die höchsten Vitamin-B-Werte und ist reich an Vitamin A, C & E. Außerdem enthält sie viel Eisen und ungesättigte Fettsäuren. Sie hilft hervoragend gegen Stress, Schlaflosigkeit und Nervosität.

KNOBLAUCH & ZWIEBELN

wirken antibiotisch gegen Infektionen und Entzündungen vieler Art. Lauch, Schnittlauch und Bärlauch sollte man täglich roh zur Vorbeugung essen. Knoblauch schützt das Herz und klärt das Hirn.

BROMBEEREN, ERDBEEREN & WALNÜSSE

schützen den Darm und die Lunge. Bereiten Sie sich einen Tee aus Brombeerblättern, das hilft bei Husten, Schnupfen und sogar gegen Menstruationskrämpfe.

HEILMITTEL NR. 1

Das beste
Heilmittel ist und
bleibt ein gutes stilles
Mineralwasser. Im Sommer
verfeinere ich den Geschmack
mit ein paar Spritzern Zitrone und im
Winter trinke ich es heiß mit ein bisschen
frischem Ingwer. Wer täglich mindestens 2,5
Liter trinkt, bleibt gesund und schön.

RELAX!

JEDEN MORGEN

20 Minuten Yoga, eine Atemübung oder eine kleine Meditation, dann geht vieles leichter. Man braucht nur den eigenen Willen und eine gute Unterlage.

SEX, SONNENBÄDER UND SCHLAF

sind die besten Heilmittel gegen Stress. Versuchen Sie, diese angenehmen Dinge in Ihren Alltag einzubauen. Denken Sie nicht, dass Sie dazu keine Zeit haben. Schaffen Sie sich die Freiräume, die Sie brauchen, und genießen Sie es.

ENTSPANNUNGSTECHNIK

Wer eine Entspannungtechnik beherrscht, kann besser mit Stresssituationen umgehen und dadurch sein allgemeines Wohlbefinden steigern. Lernen Sie, mit Misserfolgen umzugehen und die Dinge zu akzeptieren, wenn sie mal nicht so laufen, wie Sie es sich vorstellen. Das Leben hat einfach seine Höhen und Tiefen. Wichtig ist, dass man immer ein neues Ziel oder einen Wunsch vor Augen hat.

HILFE

Wenn Ihnen alles zu viel wird, überlegen Sie, welche „kleineren" Arbeiten Sie an andere delegieren können, z. B. an eine Haushaltshilfe oder an den Partner. Finden Sie die Ursache für Ihren Stress. Ist es wirklich zu viel Arbeit oder nutzen Sie Ihre Zeit nicht effizient genug? Brauchen Sie zu lange, um Entscheidungen zu treffen, und halten Sie sich mit Dingen auf, die unwesentlich sind oder vielleicht gar nicht in Ihren Aufgabenbereich gehören? In Büchern zum Thema „Zeitmanagement" finden Sie viele Tipps, wie Sie sich besser strukturieren und Ihr Leben vereinfachen können.

TAGESPLAN

Planen Sie Ihren Tag so, dass Sie nicht nur unter Druck stehen. Nehmen Sie sich lieber zu wenig als zu viel vor, und vergessen Sie nicht, „Quality Time" in Ihren Tagesablauf einzuplanen, z. B. Lunch mit einer guten Freundin oder einen Spaziergang in der Mittagspause. So kann man das Wesentliche mit etwas Angenehmen verbinden. Kaufen Sie auf dem Wochenmarkt statt im Supermarkt ein und erledigen Sie sonstige Einkäufe, die viel Zeit in Anspruch nehmen, übers Internet.

SCHNELLSTART

Morgens haben wir mehr Energie und sollten deshalb vormittags möglichst viel erledigen. Akzeptieren Sie das und lassen Sie es in der zweiten Tageshälfte etwas ruhiger angehen.

LACHEN SIE

Glückliche Momente mit Freunden reduzieren den Stress. Machen Sie es wie die Kinder: Lachen Sie viel! Kinder lachen 400-mal am Tag, Erwachsene nur 12-mal. Und ein Lächeln hat auch noch niemandem geschadet ...

EINEN MOMENT NICHTS TUN

Ruhe fördert Ihre Kreativität, gibt Ihnen neue Energie und hilft dabei, die Dinge anders zu sehen. Schauen Sie z. B. Fischen beim Schwimmen zu, dabei schalten Sie schnell ab und die Fantasie wird beflügelt.

NOTES

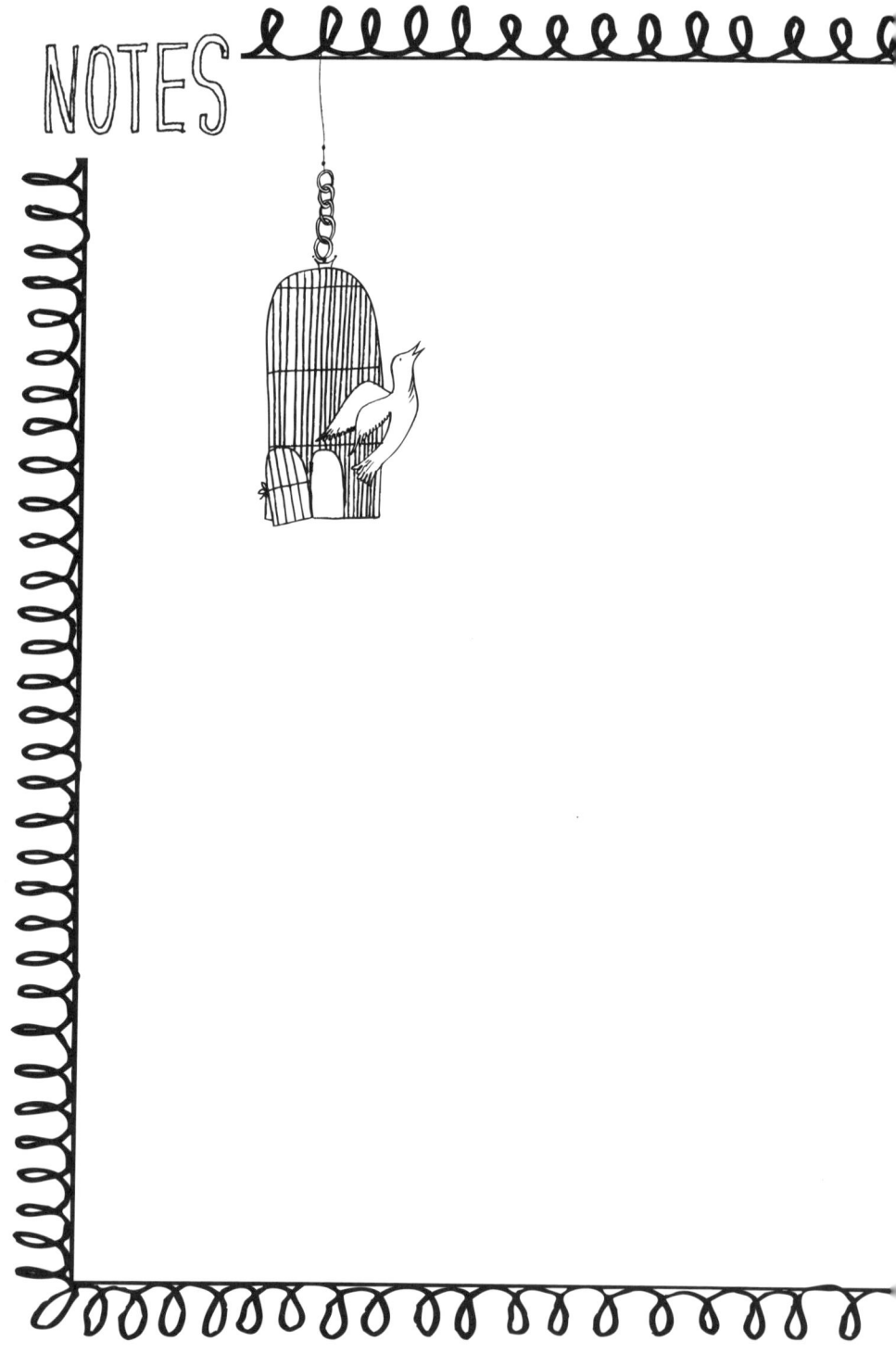

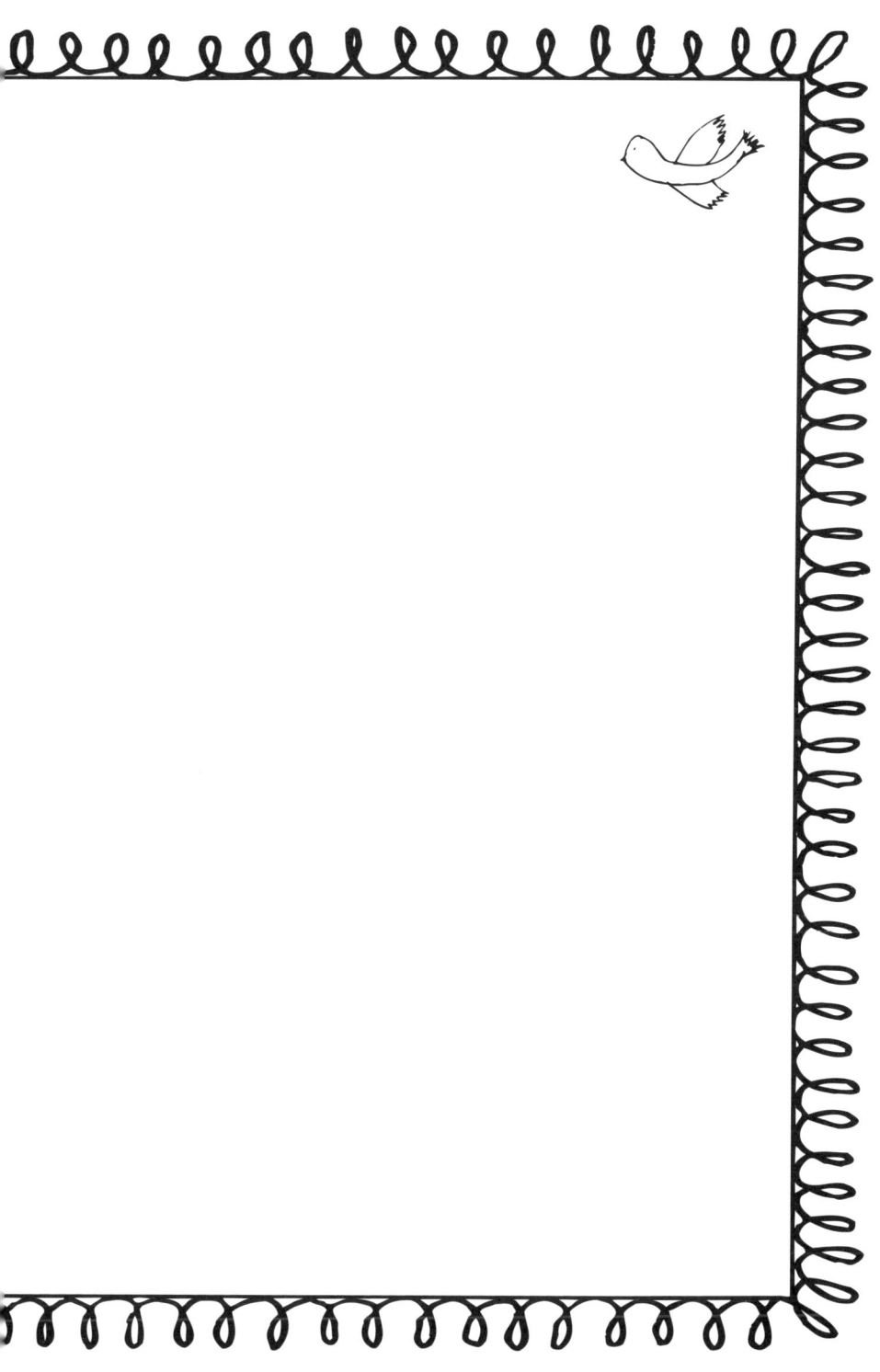

BÜCHER

Wer liest, weiß mehr.

LESENSWERT

WARUM ICH SO GERNE LESE UND WIESO ICH BÜCHER SAMMLE.

ATMOSPHÄRE

Ich muss zugeben, wenn ich das erste Mal zu jemandem nach Hause komme, schaue ich als Erstes nach dem Bücherregal. Wie enttäuschend, wenn keins da ist oder keine Bücher herumliegen! Meine vier Wände sind voll mit Büchern, mittlerweile muss ich sie schon auf dem Boden stapeln. Bücher inspirieren mich und sind ein Teil meiner Welt. Wenn ich nach neuen Ideen suche, lese ich gerne Biografien interessanter Menschen, z. B. „Kippenberger" von Susanne Kippenberger. Oder ich schaue mir einen Kunstband an ... Bücher öffnen Horizonte, lassen mich in andere Welten eintauchen und schenken Wissen.

BUCHGESCHENKE

Ein Buch zu verschenken, ist eine sehr persönliche Sache. Immer wenn ich eins geschenkt bekomme, frage ich mich, was man mir mit diesem Buch sagen will. Ich verschenke gerne Bücher, die inspirieren, Hilfe leisten oder einfach nur schön sind.

WAS LESE ICH WANN?

Ob es die Ferienlektüre oder das Buch vor dem Schlafengehen ist, für jede Situation sollte man den richtigen Lesestoff zur Hand haben. Ich beginne den Tag mit einer Tageszeitung, und während der Arbeit blättere ich gerne durch Bildbände, insbesondere, wenn es mir an guten Ideen fehlt. Am Abend lese ich gerne Romane, aber am liebsten vertiefe ich mich in Biografien. Ich finde es spannend, in das Leben anderer Menschen einzutauchen und dabei das eine oder andere für mich mitzunehmen. Ab und an lese ich auch wieder einen Klassiker. Obwohl ich den Inhalt schon kenne, liest sich das Buch ein paar Jahre später ganz anders.

MY DIARY

SO MACHE ICH MIR MEIN EIGENES, BESONDERES TAGEBUCH:

Ein Tagebuch muss nicht nur mit Worten gefüllt sein: Schreiben und sammeln Sie nach Lust und Laune, was Ihnen gefällt bzw. was am besten Ihre Stimmung an einem Tag zusammenfasst, was Sie glücklich oder traurig gemacht hat. Oft sind Bilder, eine Zeichnung, ein Zeitungsausriss, eine Konzertkarte oder gefundene Blätter oder Blumen viel aussagekräftiger als Worte. Am Ende des Jahres haben Sie ein buntes Buch, das Sie stimmungsvoll und kreativ auf das nächste Jahr vorbereitet.

WAS MAN DAFÜR BRAUCHT:

Ein schönes gebundenes Buch mit festen, leeren Seiten, Schere, Kleber, Tesafilm, Bleistift, Buntstifte, Marker, Büroklammern

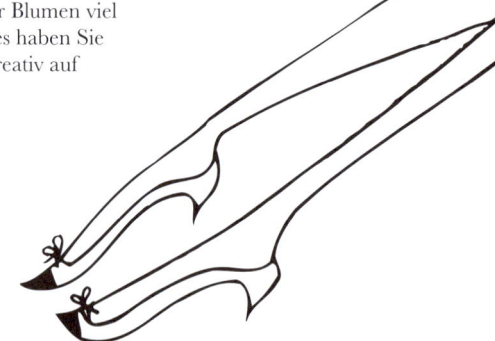

LIEBLINGSBÜCHER

💋 LESESTUNDE

Lesen ist eine meiner Lieblingsbeschäftigungen. Ich lese, wenn ich irgendwo warten muss, auf Reisen oder höre ein Hörbuch auf meinem iPod, wenn ich spazieren gehe. Wer liest, erfährt Neues, sieht vielleicht die Dinge aus einer anderen Perspektive und bleibt neugierig. Bringen Sie Ordnung in Ihr Bücherregal, so haben Sie alles schnell zur Hand und behalten den Überblick.

FILM

FILM-NEWS: Informieren Sie sich über neue Filme auf den hervorragenden Webpages www.imdb.com und www.movies.msn.com. Hier schaue ich mir die neuesten Trailer an und lese alles über die Schauspieler, den Plot und noch vieles mehr.

FILM-STYLE: Es gibt Filme, die einen inspirieren. Die Ausstattung, das Styling und die Farben von „Marie Antoinette" von Sofia Coppola hatte ich z. B. bei der Planung meiner letzten Party im Hinterkopf. Audrey Hepburn ist in jedem ihrer Filme eine zeitlose Stilikone, wenn sie lässig und chic über die Leinwand spaziert. Sie hatte einfach Allure. Seien Sie offen für Anregungen und lernen Sie aus Filmen.

DOKUMENTATIONEN: Ich liebe den amerikanischen Fernsehsender „Documentary Channel". Es ist beinahe so, als würde man eine spannende Schule besuchen, die einem eingängig und mit guten Bildern interessante Dinge beibringt.

KINO & THEATER: Das Ambiente ist wichtig: Manche Filme berauschen noch viel mehr, wenn man sie mit Dolby-Surround-System auf einer riesigen Leinwand anschaut. Suchen Sie sich ein schönes Kino in Ihrer Nähe. Mittlerweile gibt es sogar Club-Kinos, z. B. das Electric in London (www.electriccinema.co.uk). Dort kann man während der Vorstellung Champagner und Hamburger bestellen und in bequemen Sesseln sitzen.

FILMCLUB: Gründen Sie einen eigenen Filmclub, bei dem Sie sich mit Freunden zusammen Filme oder Serien zu Hause anschauen. Jeder kann etwas zu trinken oder zu essen mitbringen. Vielleicht mieten Sie auch zu Ihrem nächsten Geburtstag ein Kino, das nur für Ihre Gäste geöffnet hat. In vielen Städten gibt es ausgefallene, alte Art-House-Kinos, die sich danach perfekt als Party-Location eignen.

LIEBLINGSFILME
DIESE FILME SCHAUE ICH MIR IMMER WIEDER GERNE AN, JE NACH LUST UND LAUNE.

BEST LOVE STORY / DRAMA: DAS LEBEN IST SCHÖN, Roberto Benigni, 1997
BEST THRILLER: DAS LEBEN DER ANDEREN, Florian Henckel von Donnersmarck, 2006
BEST HORROR MOVIE: SHINING, Stanley Kubrick, 1980
BEST DOCUMENTARY: PLANET ERDE, Alastair Fothergill, 2006
BEST VINTAGE MOVIE: DIE FRAUEN, George Cukor, 1939
BEST COMEDY: HANGOVER, Todd Phillips, 2009
BEST HISTORY MOVIE: MARIE ANTOINETTE, Sofia Coppola, 2006
BEST MUSIC MOVIE: WALK THE LINE, James Mangold, 2005
BEST DRAMA: LOST IN TRANSLATION, Sofia Coppola, 2003

IRMAS FILM

Machen Sie mit Ihrem Smartphone oder Ihrer Kamera einen Kurzfilm, wenn Sie etwas Spannendes erleben. Es ist eine schöne Erinnerung und irgendwann haben Sie eine ganz persönliche Film Library.

NOTES

LIEBLINGSFILME: _____

KUNST

Kunst ist überall, man muss sie nur sehen können.

SCHAUEN & SAMMELN

SEHEN SIE SICH VIEL KUNST AN, SAMMELN SIE, WAS IHNEN GEFÄLLT, UND MACHEN SIE IHRE EIGENE KUNST. ALLES IST MÖGLICH.

MEINE SAMMLUNG: Um eine eigene Kunstsammlung zu haben, braucht man keine teuren Werke namhafter Künstler. Wichtig ist, dass Sie Freude daran haben und wissen, was gerade auf dem Kunstmarkt stattfindet. Je mehr Sie sich darüber informieren, desto besser werden Sie Entscheidungen für Ihre eigene Sammlung treffen können oder vielleicht sogar einen Trend voraussehen. Eine Sammlung muss nicht nur aus Kunst bestehen. Ich habe mit Verpackungen angefangen, die ich dekorativ und hübsch fand und von meinen Reisen mitgebracht habe. Die habe ich später zu kleinen Installationen zusammengestellt oder schön rahmen lassen.

KUNST MACHEN: Fangen Sie an, Ihre eigene Kunst zu machen, seien es Zeichnungen, Fotografien oder einfach interessante Objekte. Man braucht dafür nur ein gutes Auge und ein bisschen Kunstverständnis. Und natürlich viel Freude am künstlerischen Gestalten.

LERNEN: Besuchen Sie Führungen in Ihrem Lieblingsmuseum, werden Sie dort Mitglied und nehmen Sie an Vorträgen teil. Es macht Spaß und man lernt gleichgesinnte Menschen kennen.

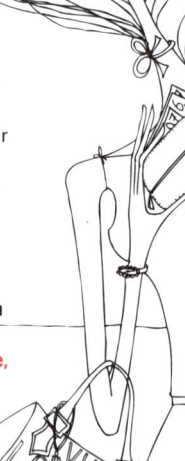

👄 UP TO DATE

Ich habe die Newsletter meiner Lieblingsmuseen in aller Welt abonniert. So weiß ich immer, was wo gezeigt wird, und kann mir die besten Ausstellungen mittlerweile sogar virtuell ansehen.

KUNST-NEWS:
Diese Seiten haben die neuesten Informationen und geben viele neue Ideen: monopol-magazin.de, art-magazin.de, kq-daily.de, artnet.com

Machen Sie eine Skizze von Ihrem Tag.

NOTES

FREUNDE

FREUNDE MACHEN GLÜCKLICH.

Eine Checkliste für gute Freunde

○ **ALTE FREUNDE:** Es gibt nichts Schöneres, als mit einer alten Freundin etwas Persönliches zu besprechen. Man kennt sich schon seit Ewigkeiten, kann ganz ehrlich sein und ist miteinander vertraut. Ein schönes Gefühl.

○ **GESUNDE BEZIEHUNG:** Sich regelmäßig mit Freunden zu treffen, ist gut für die Gesundheit. Es ist wissenschaftlich bewiesen, dass Freundschaften das Leben verlängern und das Immunsystem aufbauen.

○ **GROSSZÜGIGKEIT:** Dabei geht es nicht um teure Geschenke. Seien Sie großzügig mit Worten, mit Gesten und mit Komplimenten – alles, was der Freundschaft wirklich guttut.

○ **GEBURTSTAGSGRUSS:** Kleine Nettigkeiten, die einem Freund zeigen, dass Sie an ihn denken, sind großartig. Damit ich keine Geburtstage mehr vergesse, habe ich alle Daten meiner Freunde bei www.happybirthday.com eingegeben und werde per E-Mail an die Geburtstage erinnert.

○ **NETWORKING:** Machen Sie Ihre Freunde miteinander bekannt. Es ist interessant zu beobachten, wie sich neue Freundschaften bilden, und ein schönes Gefühl, wenn man dazu beigetragen hat.

○ **REDEN SIE NICHT SCHLECHT:** Gehen Sie negativen Gesprächen, bei denen schlecht über andere geredet wird, aus dem Weg. Wer über andere redet, hat über sich selbst nicht viel zu sagen.

FREUNDESKREIS

Ein paar Anregungen, wie man Freundschaften pflegt und neue Freunde findet.

LACHEN Sie viel.
INTEGRIEREN Sie Ihre Freunde in Gespräche, die Sie mit anderen führen.
KREIEREN Sie eine positive Stimmung.
BEGINNEN Sie eine Unterhaltung mit jemandem, der Ihnen sympathisch erscheint.
FREUNDLICH sein, lächeln und eine sympathische Ausstrahlung sind unerlässlich.
FRAGEN Sie nach! Das zeigt Interesse und führt zu guten Gesprächen.

BESTE FREUNDIN

Es macht glücklich, einen Tag mit der besten Freundin zu verbringen. Planen Sie gemeinsam viele schöne Dinge, das festigt die Freundschaft.

AUSGEHEN

Ausgehen macht Spaß, egal ob in der eigenen Stadt oder irgendwo anders. Spontanität ist immer gut, doch wer einen neuen Club besucht oder mit mehreren ausgeht, sollte gut vorbereitet sein.

CLUBBING

MIT WEM GEHE ICH AUS?

Abende, die mit ein paar Freunden in einer Bar beginnen und nach dem Essen in einem guten Club enden, sind meistens die besten. Verabreden Sie sich mit Leuten, die die gleichen Clubs und Musik mögen und sich amüsieren können.

TÜRSTEHER

Wenn Sie einen neuen Club besuchen, müssen Sie in wenigen Sekunden ein gutes Verhältnis zum Türsteher aufbauen. Am besten wirkt natürliche Aufrichtigkeit, nicht wichtigtuerisches Gehabe mit flirtendem Unterton. Gehen Sie direkt auf ihn zu, auch wenn die Schlange lang ist. Schauen Sie ihn nett an und grüßen Sie freundlich mit Ihrer natürlichen Art. Wenn er nach einer Clubmitgliedschaft oder Reservierung fragt, die Sie nicht haben, erklären Sie ihm ehrlich Ihre Lage. Gutes Aussehen hilft, ist aber keine Voraussetzung: Wichtiger ist, dass Sie sich wohlfühlen. Falls Sie mit Freunden in den Club möchten, sollte jeder einzeln vorgehen, oder Sie teilen ihm mit, dass eventuell gleich noch ein paar Freunde von Ihnen nachkommen, wenn er Sie vorbeigelassen hat. Bedanken Sie sich freundlich, aber niemals devot. Falls er Sie trotz allem nicht reinlässt, drehen Sie sich auf dem Absatz um und verabschieden Sie sich.

BOOK A TABLE!

Besonders in beliebten Clubs sollten Sie vorab eine Reservierung machen. Wenn Ihr Name auf der Gästeliste steht, kommen Sie auch garantiert am Türsteher vorbei. In einer fremden Stadt kann das der Concierge im Hotel für Sie erledigen.

CHILL OUT

Falls Sie nicht in den besten Club der Stadt kommen, sollten Sie den Abend auf keinen Fall beenden. Im Gegenteil – gehen Sie mit Ihren Freunden in eine Bar oder zu sich nach Hause, um dort eine spontane Party zu feiern. Aus diesem Grund sollte die Hausbar immer gut gefüllt sein und Ihr iPod ein paar Party-Playlists enthalten. In jeder Stadt gibt es außerdem einen Radiosender, der meist ab Mitternacht live gute DJs überträgt.

LOOK GOOD, FEEL GOOD!

Was ziehe ich bloß an? Bleiben Sie Ihrem Stil treu oder probieren Sie etwas ganz anderes aus. Wichtig ist, dass Sie sich wohlfühlen und bildhübsch finden, sonst wirken Sie schnell wie verkleidet.

NIGHT OUT

6 TIPPS,
WIE DER ABEND SCHÖN WIRD

1. Planen Sie nicht zu viel im Voraus, Spontanität ist meist lustiger.
2. Gehen Sie mit den richtigen Leuten aus – nicht jeder kann feiern.
3. Trinken Sie nicht zu viel. Tanzen Sie lieber, das macht mehr Spaß.
4. Ziehen Sie Ihre tollsten Schuhe und Ihr schönstes Kleid an. Immerhin gehen Sie aus und wollen umwerfend aussehen.
5. Wenn es kalt ist, nehmen Sie ein Taxi und lassen Sie sich direkt vor den Club oder die Bar fahren. Verfroren mit eingezogenem Hals oder mit dicker Daunenjacke wirkt man selten glamourös.
6. Seien Sie offen. Es macht einfach mehr Spaß, wenn man flirtet und plötzlich seinen Mr. Right kennenlernt.

MEIN CLUB

RELAX! AM MORGEN DANACH SOLLTE MAN VIEL ZEIT UND RUHE HABEN.

FAMILIE

Die Familie begleitet Sie ein Leben lang.

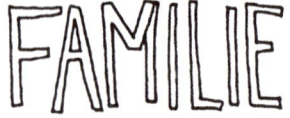

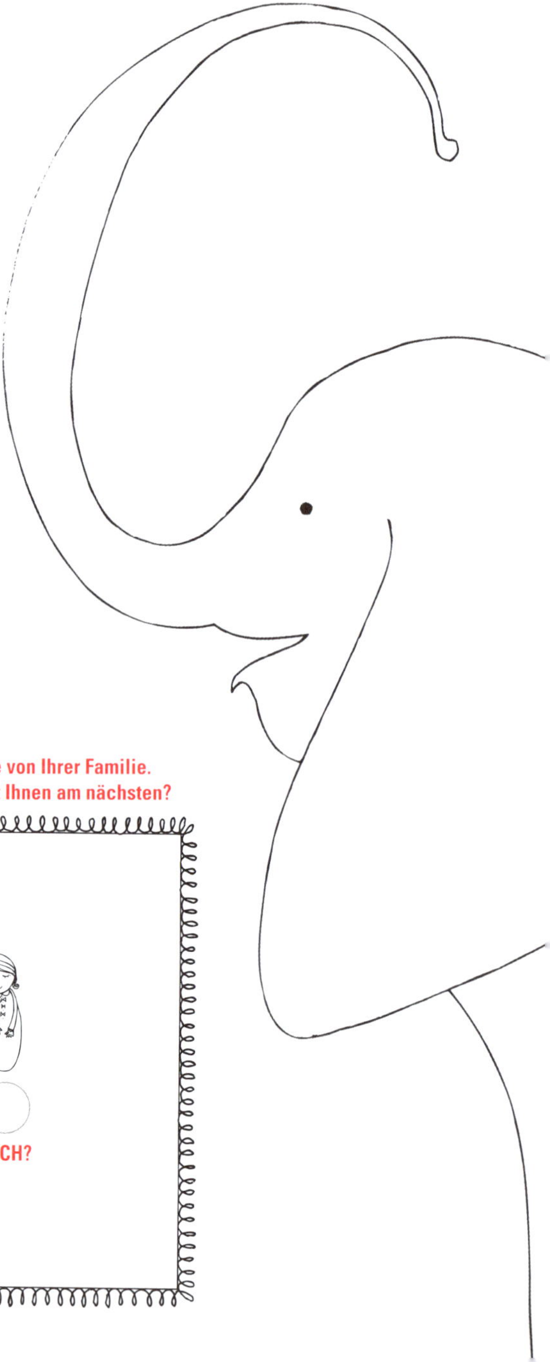

STAMMBAUM

KEINER KENNT EINEN BESSER

Familie ist etwas Kostbares, etwas, das man beschützen und pflegen muss, das einem ganz viel Glück schenken kann. Keiner kennt einen besser als die eigene Familie. Das kann manchmal aber auch schmerzhaft sein. Nehmen Sie nicht alles persönlich und lernen Sie von Ihrem Stammbaum. Machen Sie nicht die gleichen Fehler wie Ihre Vorfahren, sondern suchen Sie sich jemanden in Ihrer Familie, den Sie bewundern, von dem Sie etwas lernen können. Die eigene Familiengeschichte zu ergründen, ist eine spannende und sehr persönliche Angelegenheit.

Machen Sie eine Skizze von Ihrer Familie. Wo stehen Sie und wer ist Ihnen am nächsten?

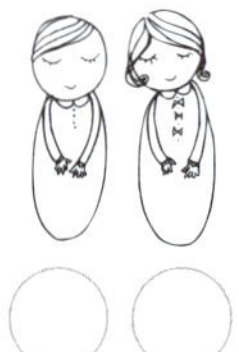

WER BIN ICH?

EIN ZIEL

Es ist eine schöne
Vorstellung, eine
Familie zu grün-
den, mit der man
zusammen die Welt
erlebt.

NOTES

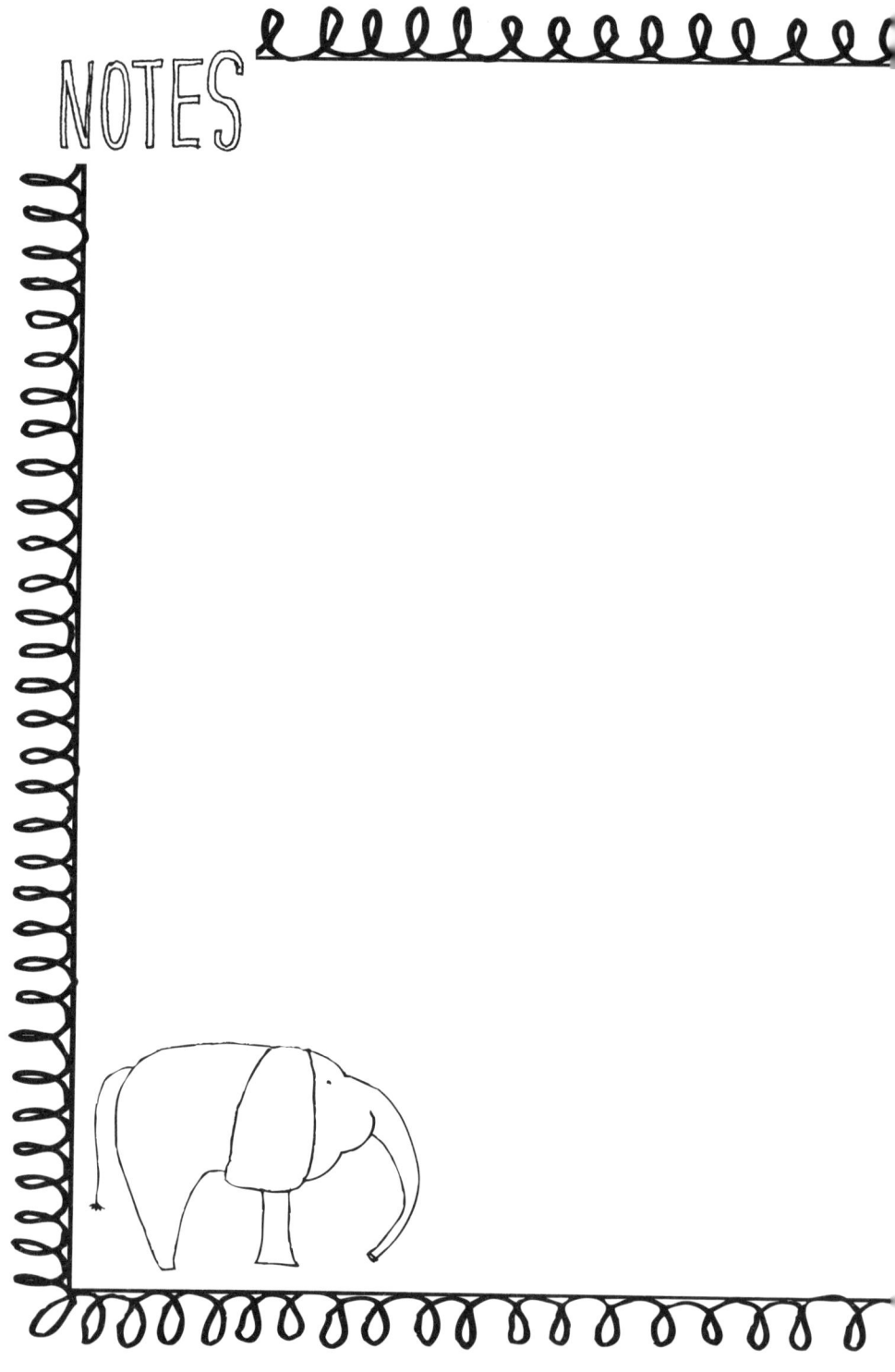

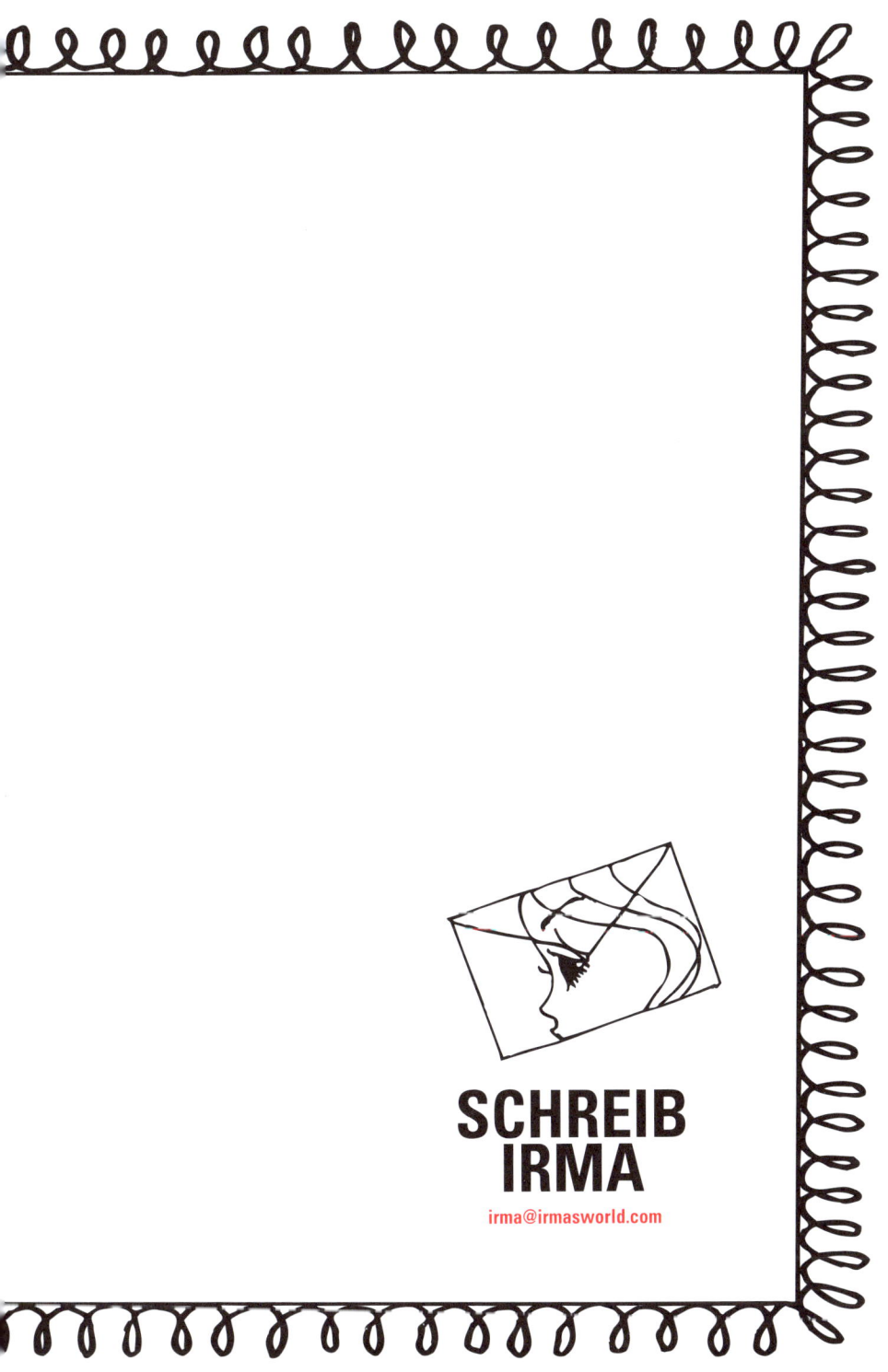

SCHREIB
IRMA

irma@irmasworld.com

HINTER IRMA steckt die international anerkannte Journalistin, Künstlerin und Illustratorin Jasmin Khezri. Wie ihr Alter Ego ist sie sehr viel in den Metropolen der Welt unterwegs und holt sich überall Inspirationen für ihre monatliche Kolumne in der *Glamour*, ihre Beiträge in den internationalen Magazinen *Vogue*, *Marie Claire*, *Cosmopolitan* und *Elle*, sowie für ihren erfolgreichen Blog, www.irmasdiary.com.

Jasmin Khezri wuchs in Deutschland, England und Frankreich auf. Sie studierte Grafikdesign an der Parsons The New School for Design in New York, Paris und Los Angeles. Nach dem Studium arbeitete sie zunächst beim *SZ-Magazin* der *Süddeutschen Zeitung* in München und wurde 1993 Artdirector des SZ-Jugendmagazins *Jetzt*, dessen innovatives Design sie entwickelte und das unter ihrer künstlerischen Leitung zahlreiche Preise erhielt. 1998 wurde sie Artdirector der Zeitschrift *Marie Claire* und im Jahr 2000 Creative Director des Modeunternehmens Peek & Cloppenburg. Ihre Illustrationen werden in Ausstellungen von New York bis Tokio gefeiert.

In diesem ultimativen Style Guide verrät die weit gereiste Trendsetterin IRMA ganz persönliche Tipps und Geheimnisse zu allen Themen, die das Leben schön und interessant machen. Ein unverzichtbarer Begleiter für ein rundum glückliches Leben.

DIE TIPPS UND RATSCHLÄGE in diesem Buch wurden sorgfältig erwogen und geprüft, dennoch kann eine Garantie nicht übernommen werden. Eine Haftung der Autorin bzw. des Verlags und seiner Beauftragten für Personen-, Sach- und Vermögensschäden ist ausgeschlossen.

IRMAS STYLE GUIDE ist auch als E-Book erhältlich.

www.arsedition.de